Andreas Drouve, Jahrgang 1964, Dr. phil., hat über 100 Bücher zu den Themen Reise und Kultur verfasst, darunter Standardwerke zum Jakobsweg, aber auch literarische Reisebegleiter u.a. zu Madrid und Bildbandtexte zu spanischsprachigen Ländern wie Ecuador, Venezuela, Mexiko, Bolivien und Peru. Mit dem *Selbstversuch Spanien* legt er das bisher bissigste und persönlichste Werk über seine Wahlheimat vor, in die es den gebürtigen Rheinländer Mitte der Neunziger Jahre verschlug.

*Zur Abwechslung ganz im Ernst:*
*Wir danken den regelmäßigen Lesern, der Community und den Medienpartnern*
*des Selbstversuchs: Spiegel Online, Geo.de, ECOS, Das aktuelle Spanienmagazin,*
*Wochenblatt der Kanarischen Inseln.*

1. Auflage
© 2012 Conbook Medien GmbH, Meerbusch
Alle Rechte vorbehalten.

www.conbook-verlag.de
www.selbstversuch-spanien.de

Einbandgestaltung: Diana Köhne, www.dianakoehne.de
Innenlayout und Satz: David Janik
Bildmaterial: © Andreas Drouve und Cristina Doria-Drouve, wenn nicht anders angegeben.
Druck und Verarbeitung: Himmer AG, Augsburg

Printed in Germany

ISBN 978-3-934918-78-8

# Andreas Drouve

# SELBSTVERSUCH SPANIEN

## WAS MIR IN 52 WOCHEN ALLES VOR DIE HÖRNER GERIET

# Inhalt

# Inhalt

# Inhalt

# Inhalt

# Statt eines Vorworts

Hautnah. Mittendrin. Wie kein anderer taucht Andreas Drouve tief in Spanien ein. Kaum jemand kennt Land und Leute besser als er. Er ist niemandem verpflichtet. Keinem Stierzuchtbetrieb, keiner Innung. Keiner Partei, keiner Sekte, keiner Fluglinie. Nicht einmal dem guten Geschmack.

Begleiten Sie ihn durch Leben, Alltag und ein Labyrinth aus Skurrilitäten. Erlebnisse verdichten sich zu satirischen Einsichten. Pflegen Sie Vorurteile. Radieren Sie überkommene Bilder aus. Seien Sie dabei, wenn Spaniens Wirklichkeit die Klischees übertrifft.

Es kommen Wirrungen und Wahrheiten vor, die Sie niemals wissen wollten. Der Autor zerrt sie trotzdem ans Licht, sein literarisches Brennglas kennt kein Thementabu. Er legt den Schreibfinger in die Wunden. Er windet sich aus den Tentakeln absurdester Bürokratie und fragt sich spätestens da, ob Spanien wirklich so anders ist als seine deutsche Urheimat, gibt sich aber fest überzeugt: Manches wird Ihnen Spanisch vorkommen. Manches noch merkwürdiger.

Ein Selbstversuch, 52 Wochen lang.
52 Momentaufnahmen.
Gnadenlos persönlich, gnadenlos grotesk.

# Ein durchtränkter Koffer und die Gefährdung des spanischen Luftraums

*Das nasse Gepäckstück,*
*das keine Gefahr für Spanien war.*

Eben hat Post im Kasten gelegen, was mich in Spanien stets mit Freude erfüllt, denn die Zahl der an mich abgeschickten Sendungen übertrifft bei weitem die der angekommenen. Heute ist der Absender ungewöhnlich. *Dirección General de Aviación Civil* steht auf dem Umschlag, die Direktion der Zivilen Luftfahrtbehörde mit Sitz in Madrid. Ich schlitze auf und lese:

»Unsere Prüfung hat ergeben, dass Ihre Reklamation vom 18. September letzten Jahres unbegründet ist. Eine Gefährdung des spanischen Luftraums und der Flugsicherheit hat zu keinem Zeitpunkt vorgelegen.«

Das Schreiben endet grußlos, meine Erinnerung kommt in Gang. Rückblende ...

Bilbao, Flughafen, 18. September. Mit Spaniens bekannter Verspätungsairline lande ich, aus Santiago de Compostela kommend, traditionsgemäß zu spät. Der Himmel ist düster, es gießt in Strömen, Böen peitschen Regenschleier über das Rollfeld. Zwei Handvoll Passagiere und ich verlassen das Flugzeug. Auf dem kurzen Weg zwischen Gangway und Buseinstieg fühlen wir uns bereits durchtränkt. Der Bus nimmt Kurs Richtung Terminal. Nach gut hundert Metern bleibt er aus unerfindlichen Gründen stehen und wartet. Zum Zeitvertreib wische ich die beschlagene Scheibe frei, schaue hinüber auf unser Flugzeug und verfolge die Verladeaktion der Gepäckstücke auf den Hänger eines Transporters.

Ein einsamer Mann im Overall stemmt sich gegen Wind und Wetter, sein Bewegungsablauf ist fahrig. Es besteht kein Zweifel, dass er so schnell wie möglich ins Führerhäuschen zurückkehren will. Ins Trockene also. Erst als er losfährt, realisiere ich: Das Gepäck ist vollkommen ungeschützt, die leuchtorange Plastikplane am Ende des Hängers unausgerollt geblieben! Und obenauf liegt mein Koffer! In gemächlichem Tempo hält der Fahrer auf unseren Bus zu, ganz so, als sollten wir die Parade abnehmen. Geistesgegenwärtig fotografiere ich durch das schlierige Fenster. ›Aha, der Beweis!‹, denke ich. Dann verschwindet der Transporter im Regen.

Mein Trolley trieft, wie zu erwarten, vom Gepäckband. Der Blick ins Kofferinnere zeigt, dass es Hemden, Hosen, Dokumente erwischt hat. Schlimmer jedoch ist die Aussicht, jetzt beim Anti-Service-Schalter der Airline vorstellig werden zu müssen. Dort, wo ich sonst nach jedem dritten bis vierten Flug verschwundenes Gepäck reklamiere. Heute ist es da, aber nass bis zum Anschlag. Meine langjährige Erfahrung mit dem Bodenpersonal spanischer Flughäfen hat mich zur Erkenntnis gebracht, dass als Einstellungskriterium zu gelten scheint, einzig Bewerber mit den sauertöpfischsten Gesichtern und den meisten Haaren auf den Zähnen zu beschäftigen. Genau so ein Drachen steht mir nun in Gefechtsabwehr gegenüber. »Die paar Tropfen«, winkt sie ab und reicht mir widerwillig ein Beschwerdeformular.

Das Beschwerdeformular, *hoja de reclamaciones*, ist ein spanisches Phänomen. Jeder, der in Dienstleistungen verstrickt ist, muss es vorrätig haben und auf Nachfrage aushändigen. Kneipiers, Hoteliers, Ladenbesitzer, Fluggesellschaften. Man füllt es aus mit Adresse, Datum, Ausweisnummer, dem Grund der Beanstandung. Dann lässt man es stempeln.

Heute leiste ich ganze Arbeit, beschreibe akribisch den Vorgang, führe den Fotobeweis zum Wasserschaden ins Feld. Durchschlag eins bleibt bei der Airline, Durchschlag zwei bewahre ich auf, das Original schicke ich tags darauf an die im Vordruck aufgeführte

Der durchtränkte Koffer auf dem Weg zum Terminal, Flughafen Bilbao.

Adresse: Abteilung Industrie, Handel und Tourismus der Baskischen Regierung in Vitoria. Von dort kommt Wochen später Antwort in ausgefeiltem Behördenspanisch: »Gemäß Artikel 15,3 des Dekrets 317/1996, mit dem die Rechte und Pflichten des touristischen Verkehrsteilnehmers geregelt werden, leiten wir Ihr Anliegen mit der Vorgangsnummer 492456 an die Direktion der Zivilen Luftfahrtbehörde nach Madrid weiter.«

Dort ist der Fall, wie das heute eingetroffene Schreiben belegt, gewissenhaft und bis ins Detail untersucht worden. Zur Erinnerung: »Unsere Prüfung hat ergeben, dass Ihre Reklamation vom 18. September letzten Jahres unbegründet ist. Eine Gefährdung des spanischen Luftraums und der Flugsicherheit hat zu keinem Zeitpunkt vorgelegen.«

# Lug und Trug und »das Gummi des Weges«

*Doppelmode: der Jakobsweg und der absurde Pilgerkommerz.*

Jeder Gang zum Bäcker führt mich über den Jakobsweg. Nicht, dass ich bereits beim Baguetteholen auf Eingebung hoffe oder auf eine Minigutschrift für den Ablass – ich lebe direkt am Jakobsweg, der klassischen Wallfahrerroute durch Spaniens Norden. Arbeits- und Schlafzimmer geben, wann immer ich möchte, den Blick auf die Pilger frei. Ich habe alles unter Kontrolle, niemand entrinnt mir. Schade, dass ich zur Aufbesserung unserer Haushaltskasse keinen Wegezoll eintreiben kann. Es würde sich lohnen.

In Kürze beginnt die Pilgersaison aufs Neue. Damit steigt die Spannung, wie viele Ankömmlinge es wohl in diesem Jahr ins galicische Santiago de Compostela schaffen. Dorthin, wo seit dem wundersamen Fund im Mittelalter das Grabmal des heiligen Jakobus verehrt wird. Dorthin, wo die Zahlen der ausgegebenen Pilgerurkunden für Wanderer, Radler und Reiter seit den Neunziger Jahren unaufhaltsam gestiegen sind. Dorthin, wo man über den Umweg Apostelgrab bei sich selber anzukommen hofft.

Spötter halten den Jakobsweg mittlerweile für die längste Psychiatercouch der Welt, Kritiker prangern eine esoterisch unterfütterte Psychohygiene und den Betten*run* in überfüllten Herbergen an. Dessen ungeachtet werden die Tourismuslenker nicht müde, potenzielle Aufbrüchler über Bücher, Filme und Zeitungsberichte hinaus mit griffigen Slogans anzustacheln. »Jetzt ist der Moment, Galicien ist das Ziel«, posaunen sie in die Welt. Oder: »Kommen Sie, haben Sie teil am Wunder.« Die PR-Strategien für den Pilgerweg kennen kein Erbarmen. Selbst auf Dosen isotonischer Fitnessdrinks und Rollbanden in Fußballstadien habe ich Jakobsweglogos ausgemacht ...

Die erfolgreichen Werbefeldzüge finden ihr Spiegelbild an und auf dem Weg selber. Es liegt deutlich mehr Müll herum, vor allem auf dem letzten Streckenteil durch Galicien. Kaum ein Baum bleibt ungedüngt, und auf Ginstersträuchern habe ich schon öfter Zierrat aus weggewehtem Klopapier gesehen. Ihr Fähnchen in den Wind hängt auch die Erzdiözese von Santiago de Compostela, die den Erfolg des Jakobsweges zuvorderst an den spirituellen Faktor kettet.

Auf Pilgerschaft nach Santiago de Compostela, hier vor dem Ort Cirauqui (Navarra).

Unterwegs in den Dörfern dürfen aufgestellte Getränkeautomaten ebenso wenig fehlen wie Abreißzettel an Hauswänden. Darauf bieten Taxifahrer ihre Dienste in Form von Rucksacktransporten von Etappenort zu Etappenort an. *Pilgern light* als Lifestyle-Event, mit Glück nimmt der Fahrer Kreditkarte. Gewarnt sei vor Gasthäusern mit Betrügerseelen, die, wie mir Radpilger Hans versichert hat, fünf Euro für den Kaffee verlangen. Andernorts ist der Wein im Restaurantmenü zwar inbegriffen, doch am Ende wird wegen »übermäßigen Konsums« schon einmal versucht, ihn separat zu berechnen. Einfach ernüchternd.

Obgleich es genügend ehrliche Häute am Jakobsweg gibt, zeigt die Gegenwart mit Nepp, Lug und Trug vereinzelt den Rückfall ins Mittelalter – und damit eine Duplizität der Ereignisse. Damals, so verbürgt das Standardwerk jener Zeit, der im 12. Jahrhundert verfasste *Codex Calixtinus*, mischten Händler und Gastwirte oft Wasser in den Wein, schwarzen Sand in den Pfeffer und billige Schnur in die Kerzen. Ebenso gab es unterwegs falsche Bettler, die, so liest man im *Codex* weiter, »unter dem Schein großen Schmerzes« Vorbeizüglern ihre Beine oder Arme entgegenhielten, »die sie sich mit Hasenblut eingefärbt oder mit der Asche von Pappelrinde eingerieben« hatten. Fantasievoll gingen überdies jene zu Werke, die Gesicht und Hände mit Waldbeeren einrieben, »um sich das Aussehen von Kranken zu geben.« Zurück in der Gegenwart, habe ich vor den Kathedralen von Burgos und Santiago de Compostela Bedürftige gehört, die per Handy nach dem Abholdienst verlangten. Ende der Schicht.

Das Mittelalter, in dem Gastwirte Pilger gelegentlich vergifteten, um deren Habe an sich zu reißen, ist zwar passé, aber heute bleibt Vater Staat mit seinem Anteil auf der Strecke. »In Pensionen und Gasthöfen am Jakobsweg galt es für uns immer: *cash*, aber ohne Rechnung«, so Radpilger Hans nach Ende seiner Tour vor der Rückkehr nach Stuttgart. Die Deals am Jakobsweg finden ihren Fortgang in manchen Lebensmittelläden, in denen Preisschilder fehlen und Waagen an der Obst- und Gemüsetheke. Austariert wird offenbar nach Gesichtskontrolle an der Kasse. Wer könnte bei welchem Preis die Miene verziehen ...?

Wallfahrt und Kommerz sind seit jeher Bündnispartner. Am Pilgerziel Santiago de Compostela treibt der Handel am Jakobsweg seine finale und größte Blüte. Souvenirshops bieten komplette Pilgersets feil. Umhang, Hut, Stab, Trinkkürbis. Wer das Equipment daheim verschenkt, möge vorsorglich darauf achten, ob das Etikett »*Made in China*« entfernt ist. Neu waren mir beim letzten Aufenthalt Shirtmotive mit Spongebob Schwammkopf auf Wallfahrt und Pilgerpüppchen auf dem Motorrad. Und plötzlich entdeckte ich ihn in der Nähe der Kathedrale. Genauer: in der Vitrine eines Ladens, den bisherigen Gipfel der Absurditäten, gegen den jedwede Kitschmarien mit halluzinatorischen Augenaufschlägen oder die bedruckten Kanister und Fläschchen für das Wasser von Lourdes ein nasser

Vitrine in der Nähe der Kathedrale von Santiago de Compostela mit »*La Goma del Camino*«, »Das Gummi des Weges« – ein Kondom mit dem Aufdruck Jakobsweg (»*Camino de Santiago*«).

Abklatsch sind: *La goma del Camino*, »Das Gummi des Weges.« Ein Kondom mit dem Aufdruck »Camino de Santiago«, Jakobsweg.

**P.S.** Nicht zu verhüten war die zwischenzeitliche Geburt von PR-Strategien in Österreich. Dort bringt die Tiroler Genussregion Paznaun im Sommer unter dem Motto »Kulinarischer Jakobsweg« Kreationen renommierter Köche auf die Tische von Alpenvereinshütten. »Nachhaltiger Tourismus, internationale Sterneküche, regionale Produkte und uriges Bergerlebnis finden dabei zusammen«, heißt es. Wo dabei die Verbindung zum wahren Pilgerwesen bleibt? Wir empfehlen eine Anfrage an den zuständigen Tourismusverband Paznaun ...

# Das derbe Sprachgut und der heimliche Abgesang auf den Macho

*Sprachgenital statt sprachgenial und*
*eine Wortwahl mit Falle.*

Spanier sind grob, derb, direkt. Vor allem in ihrem Vokabular. Noch bevor sie nachdenken, sind die Worte geradeheraus gefallen und lassen keinen Spielraum für Fantasie. Ein Tisch ist ein Tisch, und ein Stuhl ist ein Stuhl – doch es bleibt nicht beim Mobiliar. Statt sprachgenial kommen sie sprachgenital zur Sache und stehen dauerhaft auf dem Höhepunkt. Der Abgrund kennt keinen Boden. Während aufgebrachte Deutschmuttersprachler Goethes Götz zitieren *[Ausgabe: Reclam Universal-Bibliothek, Seite 73 oben]*, mögen es Spanier geschlechtsübergreifend von vorne. Und das so häufig wie möglich. Zu jeder Tageszeit, bei jeder Gelegenheit.

»*Cojones!*«, Klöten, schimpfen sie gerne und laut durch den Alltag. »*Coño!*«, Muschi, womit nicht die Katze gemeint ist, gleitet als substantivischer Standardfluch über die Lippen. »*Joder!*«, kopulieren, setzt im selben Sinn die Verbalnote. Wer ausstößt: »*La leche!*«, stellt Unbedarfte indes vor ein Rätsel. Gemeint ist: verdammt! Im Wörterbuch steht: die Milch. Doch in derlei Fall entstammt die Flüssigkeit nicht dem Euter der Kuh ...

Die Wortwahl entspricht einem steten Erguss an Automatismen. Niemand macht sich weiter Gedanken. Einfach raus damit, selbst mit dem übelsten Ejakulat. Jeder redet in Spanien so, selbst Kindermund tut Derbheit kund. Ist etwas sehr, sehr abgelegen, ob Haus oder Kneipe, kommt die Entfernungsangabe »*en el quinto coño*« zum Tragen. Damit liegt es, Pardon die Damen, »an der fünften Vagina«, die es extrem in sich zu haben scheint. Zumindest, was den langen Weg zu ihr hin anbelangt.

Die Sprachschocks meiner Anfänge in Spanien haben sich längst geglättet, relativiert, gewandelt. Mittlerweile rede ich selber so. Bis gestern Abend indes war mir der Ausspruch unbekannt: »*Me suda la polla*«. Die Kurzlektion war einem Film um Inhaftierte und eine Gefängnisrevolte zu danken, wobei der eigentliche Dank einer Freundin gebührt. Sie hatte den Streifen als Schwarzkopie besorgt.

*Sudar* heißt schwitzen, *polla* Schniedel. »*Me suda la polla*« also: »Mir schwitzt der Schniedel«. Der Sinn wiederum lautet: Das ist mir egal. Doch der Vergleich krückt daher. Hält man sich den Zustand plastisch vor Augen, kommen Bedenken. Liegt beim Schweißstrom vielleicht eine Verwechslung mit dem Sekret einer Nachteruption vor? Und wenn nicht? Wenn des Mannes bestes Stück schwitzt – das darf nicht egal sein! Mein Kopf wirbelt seither Frage um Frage auf. Im aufrechten oder ruhenden Zustand? Ätzt die Flüssigkeit durch? Gibt das Kränze auf der Hose? Welches Fleckenmittel hilft? Was sagt der Urologe dazu? Und wer, verdammt, hat den Schweißschwengel überhaupt in die Welt gesetzt? In Betracht kommen a) ein spanischer Einfaltspinsel kurz vor dem Fall ins Delirium und b) eine Frau bei klarem

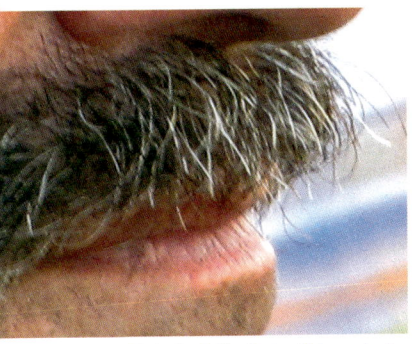

Typisch südländischer Schnauzbart

Verstand. Die Tendenz geht zu b), die a) erklärt hat, ein schwitzender Schniedel bedeute von nun an, siehe oben: Das ist mir egal. Und der Zipfelbube hat es geglaubt und weiter verbreitet. Dabei hat frau insgeheim den Abgesang auf Spaniens Macho ins Sprachgut geschleust, welch ein Geniestreich!

Ein Schweißschniedel, ist er nicht Sinnbild verblasster Manneskraft, Ausdruck von Versagensangst? *Adiós*, du südländischer Machoknochen. Niemand hat dich auf die Liste bedrohter Arten gesetzt. Du stirbst langsam aus. Für dich hat sich Spaniens wahres Goldenes Zeitalter nicht als Kolonialweltmacht unter Karl dem Ersten und Philipp dem Zweiten abgespielt, als im Reich die Sonne nicht unterging, sondern bis weit ins letzte Jahrhundert hinein, als Diktator Franco regierte. Das war eine Ära, nicht wahr, als Frauen kein eigenes Konto haben und keine Kreditverträge unterschreiben durften! Nun sind dir Zeiten und Umstände entglitten, du alter Reviermarkierer. Nun bekennst du: »*Me suda la polla.*«

Was ist aus dir geworden? Wo ist dein Schnauzbart hin, dein Goldkettchen auf dem Brusthaarflokati, die Sprühkraft deines Hochdruckgeräts, das einst sieben Kinder und mehr zu zeugen pflegte? Heute stecken die Geburtenraten des Landes im Keller, Besserung ist nicht in Sicht, einzig zugewanderte Latinos hellen die Erfolgsquote der Fruchtbarkeit auf. Ja, die wissen noch, wie es geht, du transpirierender Schlappschwanz. Dennoch hältst du krampfhaft am letzten Rollenspieldenken fest. So wie Miguel *[Name von der Redaktion nicht geändert]*, den wir zuletzt getroffen haben. Nun ohne Frau an seiner Seite, zum einsamen Wolf mutiert, Mitte vierzig, kurz vor der Scheidung. Seine größte Sorge waren weder Alleinsein noch Unterhalt. »Ich kann nicht kochen. Und ich kann keine Waschmaschine bedienen«, hat er betrübt gesagt. Und es ernst gemeint.

Keine Sorge, Miguel, es wird wieder Licht in dein Leben fluten. Allerdings nicht im Schonwaschgang. Du wirst alles lernen, da bin ich mir sicher, dass es dir den Schweiß aus den Poren treibt. Aus welchen auch immer.

# Im Dschungel der Verordnungen

*Wenn sich Spaniens bürokratischer Auswurf*
*selbst übertrifft – eine Blütenlese.*

Es gibt Worte, die lahmen zwischen Zunge und Zäpfchen. »Verordnungen« ist so eines auf Deutsch, *ordenanzas* lautet das Pendant auf Spanisch. Städte in Spanien haben ihre eigenen *ordenanzas*, die von der »Benutzung öffentlicher Sportstätten« über »Fliegende Händler« und »Kennzeichen von Mopeds« bis hin zu »Verordnungen zu Zeitungs- und Süßwarenkiosken auf öffentlichem Grund« reichen. Kurzum: das Grundgesetz des urbanen Alltags.

Im Wesentlichen steht dahinter, den Menschen zu jeder Gelegenheit auf Zuchtmeisterart einen Benimm- und Verhaltenskodex an die Hand zu geben. So macht man aus Bürgern Wutbürger. Auf lokalen Ebenen wird – gänzlich uneinheitlich, versteht sich – durchnormiert, reguliert und reglementiert, was zuweilen nicht einmal Eurokraten geschafft haben. Und Eurokraten haben mit Vorgaben zum Fassungsvermögen von Kondomen und Krümmungsgraden von Gurken (oder anders herum?) schon viel geschafft. Ob europaweit der Durchmesser von Goldfischgläsern, Stecknadelköpfen und Wattestäbchen oder der Mindestabstand von Wurzeln nebeneinander wuchernder Achselhaare standardisiert ist, entzieht sich meiner Kenntnis. Fest steht, dass in Madrid alleine die »Verordnung zu den Erfordernissen der Dienste von Bestattungsunternehmen« acht eng beschriebene Seiten füllt.

Geregelt ist darin, dass der Leichenhalle eine Cafeteria angeschlossen zu sein und im Saal der Thanatopraxie ein Tisch aus rostfreiem Edelstahl mit der Vorrichtung von Zu- und Ablauf von Wasser zu stehen hat. Generell muss die ästhetisch und hygienisch einwandfreie Behandlung der Leichname gegeben sein – womöglich für den Fall, dass sich plötzlich jemand im fleckigen Totenhemd aufrichtet und Einspruch erhebt.

Natürlich passen auch in Spanien Verordnungen auf keinen Handzettel. Es sind Mammutwerke, die ganze Festplatten füllen. Mit Bergen an Paragrafen gibt man dem Steuerzahler ein wenig von dem zurück, was mit seinem Geld geschehen ist: einen Arbeitsnachweis des Amtes und eine Handreichung, wo man sich wie zu verhalten und was man wann zu unterlassen hat. Nun, an jene gerichtet, die es in der Öffentlichkeit nicht in sich halten können (nicht wahr, liebe Männer?), kann sicher der Hinweis nicht schaden, dass es heutzutage nicht statthaft ist, »physiologische Notwendigkeiten« auf der Straße oder in Grünanlagen zu verrichten. In den Verordnungen von Granada und Barcelona finde ich »defäkieren, urinieren, spucken« als plakative Beispiele.

Laut Verordnungen sind zum Wohle des Zusammenlebens in der Nachbarschaft gemeinhin »unnötige Geräusche« zu vermeiden, darunter Schreie, Türenschlagen, Sprünge, Tänze und Gesänge, vor allem während der Stunden der Nachtruhe. Fernseher, selbst Radios, dürfen auf öffentlichem Terrain nur mit Amtserlaubnis eingeschaltet, weder Wände noch Bäume mit Graffitis verunziert werden. Untersagt ist es, ein Werbeschild auf sein Autofenster zu klemmen, außerhalb gekennzeichneter Bereiche »akrobatische Übungen mit Fahrrädern« zu vollführen und während der mittäglichen Siesta übermäßig Lärm auszustoßen.

Ohne behördliches Einverständnis sind in der Öffentlichkeit Massagen, Tarot und Tätowierungen verboten. Gleiches gilt für den *Open-air*-Genuss alkoholischer Getränke »aus Glasbehältern und Dosen«, es sei denn, man nimmt die Drinks auf autorisierten Terrassen zu sich. In Kneipen, Cafés und Restaurants, ergänzt das Landesgesetz, darf man nicht mehr rauchen. Zu Kliniken und Gesundheitszentren müssen Abdampfer einen Mindestabstand von fünfzig Metern wahren; als Raucher in Spanien sollte man stets ein Maßband bei sich führen oder darauf achten, die korrekte Schrittlänge einzustellen. Nicht statthaft ist es, Hunde in Aufzügen oder Parks unangeleint zu lassen. Hohe Ordnungsstrafen riskieren jene, die sich »sexuellen Praktiken auf öffentlichem Gelände« hingeben.

Da gibt es keinen Unterschied zu Mitteleuropa – typische Amtsstube im Rathaus von Santander, Kantabrien.

Wie sagt Jesús, mein spanischer Schwiegervater, immer: »Gesetze haben wir genug im Land, nur kontrolliert kaum jemand, dass sie eingehalten werden.« Da muss ich ihm zustimmen, da mich beim Joggen regelmäßig unangeleinte Hunde verfolgen und ich im Vorbeilaufen – mehr als einmal – zum Zeugen »sexueller Praktiken auf öffentlichem Gelände« werden durfte. In Spanien steckt halt ein gewichtiges Stück Anarchie, bei Volksfesten spielen die Vorschriften ohnehin keine Rolle. Dann gehen nicht einmal mehr die Polizisten ans Telefon, weil sie wahrscheinlich irgendwo mitfeiern. In Zivil.

Was ist, frage ich mich zum Abschluss, wenn ich ein *animal potencialmente peligroso* halten möchte? Also ein potenziell gefährliches Tier, wie es in meiner Wahlheimatstadt Pamplona in der »Verordnung zum Besitz von Tieren« heißt. Zum Beispiel einen Staffordshire Bullterrier, eine Argentinische Dogge oder einen Neapolitanischen Mastiff. Laut Verordnung gilt, ein psychologisches Gutachten für mich und den Abschluss einer zivilrechtlichen Versicherung für das Tier beizubringen. Oder war es umgekehrt? Darüber hinaus muss ich volljährig und bereit sein, die jährliche Steuer zu entrichten.

Kritischer wird es beim Antrag auf die entsprechende Hundehalterlizenz, wenn es um das Vorstrafenregister geht. Ich darf nicht wegen Mordes oder Folter verurteilt worden sein, darf mich nicht nachweislich gegen die »sexuelle Freiheit und das öffentliche Gesundheitswesen« aufgelehnt und weder einer terroristischen Vereinigung noch einer Drogenschmugglerbande angehört haben. Na, wenn das so streng gehandhabt wird, kann ich mir wahrscheinlich kein »potenziell gefährliches Tier« zulegen. Aber ich werde selber zu einem, wenn ich solche Verordnungen lese. Was wiederum schlecht ist für meine Frau. Dann muss Cristina in Zukunft den Antrag stellen, mich halten zu dürfen.

P.S.  Auf den Verstoß eines nicht mehr taufrischen Pärchens gegen »sexuelle Praktiken auf öffentlichem Gelände« folgte ein Nachspiel vor den Augen der Weltöffentlichkeit. Unter Spaniens Sonne waren die Beteiligten auf einem Turm des Kastells von Olite der Lust auf Vertikalstellung erlegen, hatten aber Pech. Es begann damit, dass ein Tourist aus Polen die Nummer vor den Camcorder bekam und heranzoomte. Dann stellte er das Video schamlos ins *World Wide Web*, wo die Quickie-Dame als Ilse Uyttersprot, Bürgermeisterin der Stadt Aalst in Belgien, identifiziert wurde. Worauf sich die Christdemokratin genötigt sah, andersartig Stellung zu beziehen. Den pikanten Einblick in die Privatsphäre wertete sie als »politisch irrelevant« ...

# Beichtstühle mit Digitalanzeige und ein Platzverweis für die *Facebook*-Nonne

*Amtskirche und Klosterleben im Spagat
zwischen Fortschritt und Stillstand.*

Leuchtende Displays an Beichtstühlen gaukeln vor, dass es unter Spaniens Büßern eine *Rushhour* gibt. Obwohl kaum jemand mehr von den nachrückenden Generationen der Sünder hineingeht, kenne ich in Spanien – zumindest von außen – Beichtstühle mit optischen Finessen. Rot zeigt »besetzt«, das grüne Licht »frei« an. Dasselbe System wie bei öffentlichen Toiletten also und in den heiligen Hallen als Service für jene gedacht, die signalisiert bekommen, wann genau sie sich von der Seele Lasten erleichtern dürfen. Da soll einer sagen, Spaniens Kirche wäre komplett verkrustet und rückständig und würde sich dem Zeitgeist verschließen. Oder wie ...?

Die Kirche San Nicolás in Pamplona betreibt Modelle von Beichtstühlen mit Digitalanzeige, wobei die klassischen Holzstühle modernen Kabinen gewichen sind. Die Beichtzeiten stehen auf der Homepage der Pfarrei, wo sich nebenbei Altes und Neues Testament interaktiv aufrufen lassen. Vor Ort im Gotteshaus nehmen die Kabinen ein entlegenes Eck ein, Ornamentglasscheiben und Zugangstüren garantieren Anonymität. Hält sich im Innern ein Geistlicher für das Gespräch bereit, leuchtet über der Tür in Großbuchstaben der Schriftzug »*FUNCION*«. Das kann »In Betrieb«, aber auch »Theatervorstellung« bedeuten; ich nehme an, dass Ersteres gemeint ist.

Als Beispiel für andersgearteten Fortschritt sehe ich die Kathedrale von León, wo in der Kapelle links hinter dem Haupteingang ein Spendenautomat per Kreditkarte steht. Eine Tafel gibt Hinweise zur Benutzung in vier Sprachen, sogar auf Deutsch. Kreditkarte einführen, gewünschten Betrag eintippen, bestätigen, für einen Beleg die grüne Taste drücken. Fertig. Katalanen, die, was die Profitmaximierung anbelangt, der spanischen Restwelt stets voraus sind, setzen auf den Faktor Bequemlichkeit. Auf der Webseite der Sagrada Família, der berühmten Sühnekirche von Jugendstilmeister Antoni Gaudí in Barcelona, reichen von zuhause aus ein paar Mausklicks und persönliche Angaben, bis die Onlinespende von der Kreditkarte abgebucht ist.

Im einst erzkatholischen Spanien, wo es keine herkömmliche Kirchensteuer gibt und jeder Eurocent zählt, sehe ich keine vollen Kirchenbänke mehr. Nicht einmal mehr viertelvolle. Dafür reichlich Klöster, die verenden und irgendwann vielleicht, wenn die Letzten weggestorben sind, als Museen oder Hotels hergerichtet werden. Bis dahin treiben die Glaubensinsassen mehr oder minder weltentrückt durch die Zeiten. Sie werden weiterbeten, arbeiten und über die Klosterläden ihre Produkte verkaufen: die Augustinerinnen im historischen Viertel von Ibiza-Stadt ihre Backwaren, die Kartäuser von Burgos Rosenkränze aus gepressten Rosenblättern, die Benediktiner im Vorpyrenäenkloster von Leyre ihren Kräuterlikör, die Unbeschuhten Karmelitinnen auf dem »Engelshügel« *Cerro de los Ángeles* im Süden Madrids handbemalte Heiligenfigürchen aus Harz.

In Segovia, wo ich unlängst hingereist bin, fertigen die Mönche des Klosters Santa María del Parral Kirchenbänke aus Holz. Wegen ihrer Unhandlichkeit taugen sie (also die Bänke) nur bedingt als Andenken und müssen

Beichtstuhl mit Display und Hinweis »*FUNCION*« (»In Betrieb«) in der Kirche San Nicolás, Pamplona.

überdies vorbestellt werden. Santa María del Parral wird bevölkert sein mit Hieronymiten, macht der erste Eindruck Glauben, denn das Kloster kündigt sich als »Mutterhaus« des Ordens in Spanien an. Geblieben sind elf Aufrechte. Da lediglich drei noch nicht die Siebzig überschritten haben, kann die Zahl, während ich dies gerade niederschreibe, variieren.

Mit den Hieronymiten lebt seit langem Pförtner Emilio zusammen, ein freundlicher Mensch. »Diese Koexistenz ist ungewöhnlich, ich weiß«, sagt er mir beim Besuch und berichtet von gewissen Fortschritten hinter den Klausurklostermauern: »Wir haben heutzutage einen Aufzug und seit Beginn der Neunziger Jahre eine Dieselölheizung. Die funktioniert allerdings nicht im Speisesaal, da kann es im Winter bitterkalt werden.«

Wer der Amtskirche mit allzu viel Fortschritt einheizt – und ich provoziere hier weder mit Priesterinnen noch mit der Abschaffung des Zölibats – erhitzt die Gemüter der Spanischen Bischofskonferenz und der hochheiligen Lokalfürsten. Unberührt vom Strom der Entwicklung, verwaltet die Altmännergesellschaft den Untergang, der ohne Öffnung und Umdenken vorprogrammiert ist. Als in Córdoba seitens der Islamischen Organisation vor einiger Zeit der Gedanke aufkam, eine »Annäherung zwischen den Religionen« zu betreiben, geriet der bischöfliche Unwürdenträger in Rage. Der Vorstoß der *Junta Islámica* sah vor, die weltberühmte Moschee-Kathedrale punktuell wieder für Gebete von Muslimen zu öffnen.

Zum besseren Verständnis: Das gigantische Bauwerk fungierte im Mittelalter, da Teile Spaniens in Maurenhand lagen, als Hauptmoschee in Córdoba. Nach den Siegen der Christen über die Glaubensfeinde versündigten sich Gottes Vertreter auf Erden an der Moschee und ließen im 16. Jahrhundert einen Teil des Säulenwalds fällen, um zum Zeichen des Triumphs über den Islam eine Kathedrale hineinzukeilen. Und dort sollte jetzt, ein halbes Jahrtausend später, erneut der Ruf nach Allah erklingen? Als Zeichen der Toleranz und eines friedlichen Miteinanders? Zum Teufel damit! Das Hause Gottes zu teilen sei so, als solle eine Frau zwei Ehemänner teilen, entrüstete sich der Bischof, ein ausgewiesener Experte auf den Feldern Monogamie und Bigamie. Geschichte sei nicht umkehrbar, setzte er hinzu.

Wie es um das Fortschrittsdenken in Spaniens Klöstern bestellt ist, zeigt der Fall der Dominikanernonne María Jesús Galán, genannt *Sor Internet*, Schwester

Spenden per Kreditkarte; Kathedrale León

Internet. Sie überwand interne Widerstände. Sie schaffte Computer und Scanner an. Sie digitalisierte wertvolle Dokumente und Bücher ihres Klosters Santo Domingo el Real in Toledo und machte sie der Nachwelt im Netz verfügbar. Für diese komplexe »Einführung von Technologien in einem traditionellen Umfeld« verlieh ihr das Land Kastilien-La Mancha einen Preis. Doch irgendwann trieb es María Jesús zu bunt und beging schwere Sünde: mit ihrem Beitritt zu *Facebook*. In den virtuellen Weiten fand sie Freunde, während im »traditionellen Umfeld« die Zahl der Feindinnen stieg. Mehr als drei Jahrzehnte nach ihrem Ordensgelübde ist sie des Klosters verwiesen worden.

Ihr Fazit: »Der Neid hat übel mitgespielt.« Im Klartext: Zickenkrieg hinter den Mauern, vollkommen *offline*. Für sie dennoch keine Tragödie: »Gott ist gut und wird mir helfen.«

P.S. #1 In früheren Jahrhunderten wäre eine Frau wie María Jesús schwerlich den Fängen der Inquisition, dem Vorwurf der Hexerei und dem Scheiterhaufen entwischt. Dann hätte sie statt der roten Karte ihren flammenden Freifahrtschein erhalten. Einmal Hölle einfach, bitte.

P.S. #2 Unter derlei historischen Vorzeichen sind gewisse Entwicklungen der Kirche in Spanien nicht zu leugnen.

# Ein Halleluja auf Antonius, Jakobus und den Allmächtigen

*Kein Zweifel, in Spaniens Fußball
wirken zwischen Unterklassen und
Nationalteam überirdische Kräfte hinein.*

Fünfzehn Wochen lang hatten die Freizeitkicker von Atletico Albericia, einem Team aus den Niederungen der dritten Division Kantabriens, nicht mehr gewonnen. Fünfzehn lange Wochen hatten sie Fiasko um Fiasko erlebt und sogar den Trainer gewechselt. Ohne Ergebnis. Da kam dem Obmann José Manuel die zündende Idee, wie sich die Pechsträhne beenden ließ. Statt Knoblauch über den Rasen zu streuen, um Hexen und böse Geister zu vertreiben, entfernte er aus dem Vereinsheim klammheimlich ein Figürchen des heiligen Antonius und klemmte es am Morgen des nächsten Heimspiels hinter eines der Tore in ein Ballauffangnetz. Dann sprach er ein Gebet, zündete in der Kirche eine Kerze an und wartete auf die Fügung des Herrn. Das Resultat: 2:0 für Atletico Albericia.

Bis zum Tag dieser Notiz in der Zeitung *El Diario Montañés* kannte ich Sankt Antonius lediglich als Wüstenasketen, als Patron der Bauern und Metzger, der Zuckerbäcker, Totengräber, Korbmacher und Haustiere. Nicht zu verwechseln ist er mit dem auf der Iberischen Halbinsel ebenfalls verehrten Antonius von Padua, den man auf der Suche nach verlorenen Gegenständen, als Patron für glückliche Entbindungen und gegen Unfruchtbarkeit herbeiruft. Früher, als das noch erstrebenswert schien, verhalf er alleinstehenden Jungfrauen zu einem Ehemann und schritt bei Viehkrankheiten und der Bedrohung durch teuflische Mächte ein. Ruft man Wüstenvater Antonius bei Feuersnot und ansteckenden Krankheiten um Hilfe an, gilt er ebenso als zuverlässig (wobei ich im Einzelfall eher die Feuerwehr oder einen Termin beim Hausarzt empfehle). Außerdem war mir aus Ibizas zweitgrößter Stadt Sant Antoni de Portmany der Brauch der Haustiersegnung am Gedenktag des Heiligen, dem 17. Januar, geläufig. In manche Gotteshäuser in Spanien darf zu diesem Termin alles, was mehr als zwei Beine hat. Hunde, Katzen, Hamster, bei Bedarf sogar Schweine.

»Möge der Allmächtige dieses Tier segnen und der heilige Antonius alle Krankheiten von ihm fernhalten«, lautet die geläufige Formel des Pfarrers, ehe er die animalischsten aller Kirchenbesucher mit Weihwasser besprenkelt. Neu war mir nunmehr die erfolgreiche Verfrachtung des Heiligen an ein Fußballfeld, wo ihn José Manuel nicht allzu stilvoll mit einer Kunststoffschlinge um den Hals am Netz befestigte, was für Außenstehende eher den Eindruck von Lynchjustiz erweckte. Dort soll er solange hängen bleiben, »bis dieses Netz reißt oder der Heilige kaputtgeht«, so der Obmann im Freudentaumel nach dem ersehnten Sieg.

Atletico Albericia steht weiß Gott nicht als Einzelbeispiel dafür, wie sehr das Fußballland Spanien ein ums andere Mal sakrale Züge hervorbringt. Im Profibetrieb schlagen viele Spieler vor Beginn der Partie oder beim Jubel über ein Tor ein Kreuz und richten den Blick gen Himmel. Eine doppelheilige Aura umgibt gar das Stadion des baskischen Traditionsclubs Athletic Bilbao. Offiziell trägt es den Namen eines Märtyrers aus Römerzeiten, San Mamés, der Volksmund nennt es schlichtweg »Die Kathedrale«, *La Catedral*. Den Vereinsstatuten zufolge dürfen einzig Basken in den eigenen Reihen stehen – und trotzdem hat sich schon mehrfach das Mirakel der Meisterschaft ereignet. Ballzauberei darf im Gegensatz zu den Edelkickern von Real Madrid und FC Barcelona allerdings niemand erwarten. Bei Athletic Bilbao gehen tendenziell Grobmotoriker mit Blutgrätschen und großem Kampfgeist zu Werke.

Bei der touristischen Real-Madrid-Tour kommt man an den heiligen Rasen im Stadion Santiago Bernabéu.

Im Zusammenspiel zwischen Irdisch und Überirdisch hat das Jahr 2010 bislang einzigartige Maßstäbe in der Geschichte Spaniens gesetzt. Monate vor dem Gewinn des Weltmeistertitels pilgerten Vertreter des nationalen Fußballverbands zum Grab des Jakobus nach Santiago de Compostela. Dort baten sie den Apostel um Beistand. Ein Unterfangen, das sich auszahlen sollte. Spanien besiegte im Finale die Niederlande durch Andrés Iniestas goldenes Tor kurz vor Schluss. Zu tiefem Dank verpflichtet und von jedweden Ehrungen ermattet, brachten Trainer Vicente del Bosque und Verbandschef Ángel María Villar dem heiligen Jakobus am Jahresende den Weltmeisterpokal dar. Schauplatz der Zeremonie und der legendären Rede des Verbandsvorsitzenden war die Kathedrale von Santiago de Compostela.

»Wir waren nicht mäßig in unseren Bitten. Wir erbaten den Triumph unseres Nationalteams bei der Weltmeisterschaft in Südafrika. Wir wussten, dass wir viel von dir verlangten, doch wir haben dir vertraut, und du hast unseren Ruf erhört«, so die ernst gemeinten Worte von Ángel María Villar an den Heiligen. Zur Sicherheit vergaß er die oberste Chefetage nicht: »Gott, auch du hast uns geholfen, Weltmeister zu werden.«

Obwohl die Bibel dazu schweigt und weder der Allmächtige noch der Apostel trotz meiner Dringlichkeitsanfrage zu einem Statement bereit war, scheint festzustehen: Der Herr und Jakobus sind parteiische Fußballfans! Pfui Teufel, zur Hölle mit ihnen! Wie soll da der Heilige Geist des Sieges noch einmal über die Rasenjünger aus Brasilien, Deutschland, Argentinien, Italien oder England kommen? Wenn das auf ewig so weitergeht, sehe ich schwarz. Dann hat der Rest der Welt keine Chance mehr gegen Spanien.

P.S. #1 Neun Monate nach dem Finalsieg in Südafrika kamen in Spanien überdurchschnittlich viele Kinder zur Welt, so die spanische Gynäkologin Carmen Sala. Ob die hormonalen Freudenfeuer inner- oder außerehelich abgebrannt wurden, ist nicht verbürgt. Fazit: Im kinderverarmten Spanien sichern Weltmeisterschaftstriumphe zumindest alle vier Jahre den Fortbestand der Nation.

P.S. #2 In Gegenwart des heiligen Antonius hat Atletico Albericia zwischenzeitlich wieder verloren.

# Rabatte bei *Aranzadi*

*Kein schlechter Scherz: Misshandelte Frauen und
Überlebende von terroristischen Attentaten kommen
kostengünstiger ins Schwimmbad.*

Bis letzte Woche glaubte ich, alles über Eintritte und Preisnachlässe in Spanien zu wissen. Mir waren Rabatte für Kinder, Schüler und Arbeitslose bekannt. Ich kannte Ermäßigungen mit Studentenausweis, Rentnerausweis, Behindertenausweis. Ich wusste um den landesweit kostenlosen »Tag der Museen« am 18. Mai und hatte für jeden einen Insidertipp auf Lager, zu welcher Zeit man gratis ins Madrider Prado-Museum kommt oder in die Klosterresidenz El Escorial. Überdies kannte ich Rabatte für Mitglieder kinderreicher Familien *(familias numerosas)*, für die heute lediglich gilt: Irgendwie müssen mehr als zwei Kinder in die Welt gesetzt worden sein, ob traditionell von Papa und Mama bzw. dem Klempner von Mama oder auf Patchworkfamilienbasis.

Das kinderreiche Spanien, in dem sich ein Siebenertrupp zur Formation aufbaute, ist passé. Die ersten – und nicht selten: letzten – Wehen der Durchschnittsfrau setzen nunmehr jenseits der Dreißig ein. Wer die Fahne der Fruchtbarkeitstraditionen trotzdem aufrecht hält, wird belohnt: Zugehörige solch kinderreicher Familien zahlen in Pamplona im Schwimmbad- und Sportkomplex *Aranzadi* für monatliche, saisonale und ganzjährige Abonnements die Hälfte. Unterhalten wird die Anlage von der öffentlichen Hand.

Letzte Woche stand ich in der Warteschlange. Zeit genug, um die Preistabelle am Kassenhäuschen genauer zu studieren. Und plötzlich fühlte ich mich gänzlich fremd im fremden Land. In Spanien gibt es kaum Sozialleistungen, aber bei *Aranzadi* Abo-Vergünstigungen für die Sonderfälle des Lebens ...

**Sonderfall eins.** Empfänger von Witwen- und Witwerrenten, deren Bruttojahreseinkommen unter dem gesetzlichen Mindestlohn liegt. Als Rentner in Spanien geht man finanziell ohnehin auf dem Zahnfleisch. Ganz zu schweigen vom Budget für einen Satz neue Zähne. Ein netter Zug von *Aranzadi*.

**Sonderfall zwei.** Hier fing die Rabattberechtigung an, mir Spanisch vorzukommen: »Anerkannte Opfer von Terrorismus«. Gemeint sind nicht jene, die zur falschen Zeit am falschen Ort im Ausland waren. Irak, Afghanistan, New York. Nein, man muss sich vor Augen halten, dass Pamplona – samt Sportkomplex *Aranzadi* – im historischen Siedlungsgebiet

Gedenkbänder und -transparent für ermordete Frauen, Palacio de los Guzmanes, León.

der Basken liegt. Und somit im Stammhaus der Terrororganisation *ETA*, die Ende der 1950er Jahre entstand, um den Machthabern der in Spanien herrschenden Franco-Diktatur die Stirn zu bieten. Fortan bombten sich baskische Separatisten beim unrealistischen Ringen nach Unabhängigkeit ins Bewusstsein, und dass die Diktatur in den Siebziger Jahren dem Übergang in eine Demokratie wich, spielte keine Rolle. Bis zum erklärten Ende ihrer Waffengewalt Ende 2011 rissen die Terroristen weit über 800 Menschen in den Tod, hinterließen eine Spur der Verwüstung, eine Vielzahl an Verletzten. Wer als Unbeteiligter bei *ETA*-Attentaten dabei gewesen ist und noch selber darüber berichten kann, zahlt weniger bei *Aranzadi*.

**Sonderfall drei.** Die Krönung der absonderlichsten Rabatte: »Per Gerichtsurteil anerkannte Opfer von Gewalt«. Gemeint ist jene machistische Gewalt, *violencia de género*, die zur traurigen Mode in Spanien avanciert ist. Als Mann, Exmann oder Lebensgefährte misshandelt man die (einstige) Partnerin, bedroht sie, prügelt sie halb oder ganz tot. Liebe ist in Hass umgeschlagen, der spanische Herr im Haus kein Alphatier mehr. Damit kommen viele nicht zurecht. Die landesweiten Zahlen der Todesopfer pro Jahr sind bedrückend, die Fälle gehen quer durch Schichten und Regionen.

Für Frauen, die sich gefährdet fühlen, ist eine kostenlose Hotline eingerichtet. Auf Weisung des Innenministeriums werden jene mit »Maximalrisiko« rund um die Uhr bewacht. Im Alltag mache ich immer wieder Plakate mit »Stopp der Gewalt« aus und sehe an öffentlichen Gebäuden, wie zuletzt in León, solidarische Gedenkbänder für Ermordete. Wer als Frau die Attacken überlebt hat und den Gang durch die Gerichte belegt, bekommt im Sportkomplex *Aranzadi* ebenfalls fünfzig Prozent Rabatt auf Monats-, Saison- oder Jahreskarten. Für mich die denkbar seltsamste Art, einen Teil seines Privatlebens offenzulegen, um kostengünstiger ins Schwimmbad und auf den Stepper im Fitnessraum zu kommen.

**30**

# Es ist noch etwas frei ...

*Takt hin oder her – wenn kein Teufel mehr
in Sicht ist, der die Seele abkaufen will,
bleiben anderweitige* Deals *als Trost.
Nachschub ist in Spanien überall gefragt,
auch kirchlicherseits.*

Ein Zimmer. Keine Küche, kein Bad. Kein Flur, kein Balkon, kein Aus-blick. Dafür alles aus Marmor und sofort bezugsfertig. Einzige Aufla-ge: Man muss ziemlich tot sein.

In Anzeigenbörsen im Internet finde ich gelegentlich Offerten von be-stehenden Grabtempeln auf Friedhöfen. In »bester Lage« finden sich Pan-theons zur Teil- oder kompletten Neubelegung mit Erdmöbeln. Für Opi und Omi, die der letzte Atemzug automatisch in ein Stück Sondermüll verwandelt hat, das umgehend entsorgt gehört, lässt sich für das Dasein im Jenseits zwischen Einzelzimmer und Wohngemeinschaft wählen. Manche Grabstätte ist für »bis zu fünf Personen« ausgerichtet, der Preis »Verhand-lungssache« und geht in die Tausende. Derlei Privatdeals sind illegal, aber – in erweitertem Sinne – mit gesetzlichem Schlupfloch und als Ersatz für jene willkommen, denen der Teufel nicht mehr die Seele abkauft ...

Die Survivalpraxis unter Spaniens Lebenden lautet, dass Auflagen dazu da sind, sie zu brechen. In Krisenzeiten zeigt man sich ausgesprochen erfinde-risch oder greift zur Not auf erprobte Modelle aus dem Ausland zurück. Als das Rauchverbot in Kneipen anstand, wiesen Besitzer ihre Räumlichkeiten – wie auch aus Deutschland bekannt – als Treffpunkte für »Mitglieder von Raucherclubs« aus. Wer die Bar betrat, erhielt am Eingang den kostenlo-sen Mitgliedsausweis, den er bei Verlassen wieder abgab. Leider reagierten Spaniens Gesetzgeber im Gegensatz zu anderen Anliegen allzu rasch und schoben der Trickserei einen Riegel vor. Den Nachweis, dass Raucherclubs keinen Profit machen durften, konnten die Kneipiers nicht erbringen.

Was die letzte Ruhe anbetrifft, sind private Käufe und Verkäufe von Grablegen jedweder Art untersagt. Erlaubt werden indes »Überlassun-gen von Nutzungsrechten«, sofern man diese an Verwandte oder Freunde abtritt. Man kann sich kaum vorstellen, wie schnell im Zuge anstehen-der Überschreibungen Fremde zu Freunden werden. Vorausgesetzt, man bringt zum Treffen der Interessensparteien ein wenig andersgeartete Asche in der Plastiktüte mit ...

Einschubfächer auf dem Friedhof von Comillas, Kantabrien.

Was waren das für Zeiten, als man zum Nulltarif in Massengräbern oder Katakomben verschwinden und gemütlich vor sich hinfaulen durfte! Heute stimmt der Gedanke ans Ende vor allem wegen des Kostenfaktors traurig. Der Tod ist umsonst, alles danach auch in Spanien teuer. Manche Rechteabtreter privater Begräbnisstätten geben vor, kein Geschäft mit dem Tod machen zu wollen – und ich schließe nicht aus, dass sie es ehrlich meinen. Das vor Jahren reservierte Grab möchten sie abstoßen, weil sie dringend Geld brauchen. Und Geld ist in der warmen Hand besser aufgehoben als in der kalten. Außerdem will man die Angehörigen weder mit Begräbniskosten noch mit Jahressteuern für jenes Reich belasten, in dem die Maden fröhliche Urständ feiern. Wohin aber mit jenen, die die einst vorbestimmte Endheimat in Pantheons und Sargeinschubfächern »freundschaftlich« Dritten überlassen haben?

Alternative ist der feurige Kompaktvorgang für die Urne, eine zweite zieht immer weitere Kreise: den Leichnam offiziell der Forschung zur Verfügung zu stellen. Dann fallen keine Kosten an. Dann wird man nur selber, aber nicht mehr von jenen ausgenommen, die an der Bestattung kräftig mitverdienen. Wer weiß, vielleicht landet man am Ende in einer Ausstellung *Körperwelten* und geht *post mortem* auf eine Reise, die man sich zuvor niemals hätte leisten können. Mit weniger Glück gerät man lediglich zum Anschauungsobjekt in der Anatomie der nächsten Universität und sieht sich Schnitte für Schnitte zerlegt.

Spaniens »Nationale Vereinigung der Spender von Körpern für die Wissenschaft«, *Asociación Nacional de Donantes de Cuerpo a la Ciencia*, berät in dringlichen Fragen und unterstreicht auf ihrer Homepage, welch »noble Geste« es sei, der Menschheit den künftigen Leichnam zur Verfügung zu stellen. Damit ist eine lebensbedrohliche Konkurrenz zur Kirche erwachsen. Deren Verantwortliche von Gruften und Friedhöfen schweigen das Thema des Nachschubs nicht tot. Auf der Suche nach Neukunden starten sie befremdliche Offensiven. Was einen Werbeaushang mit sich bringt, wie ich ihn am Hauptportal der Madrider Kathedrale Santa María la Real de la Almudena ausmachen konnte, unweit der Tafel, die in mehreren Sprachen auf das Besuchsverbot während der Gottesdienste hinwies: »In der Krypta dieser Kathedrale können Sarkophage oder Urnennischen erworben werden.« Darunter stand ein Kontakttelefon, das bei der vorliegenden Publikation in seiner Komplettform aus rechtlichen Gründen ausgeklammert bleiben muss.

Das ist sie links: die kleine Werbetafel am Hauptzugang der Kathedrale von Madrid. Zur Wahl in der Krypta stehen Sarkophage *(SARCOFAGOS)* und Urnennischen *(COLUMBARIOS)*.

Falls jemand bis zum definitiven Zerfall in Spaniens Hauptstadt bleiben möchte, gebe ich die Nummer gerne weiter. Anfrage genügt. Alles legal, frei von Provision. Ein Leserservice von Ihrem Autor.

# Ein zweites Leben und Dauerstöße statt Gnadenstoß

*Straftäter und Kampfstiere haben gemein,*
*dass sie in Spanien begnadigt werden können.*
*Bei Mensch und Tier verläuft das weitere Dasein*
*allerdings unterschiedlich.*

Betrügereien. Drogendeals. Urkundenfälschung. Raub. Oder, im Fall von Manuel, Bauarbeiter, ledig, Mitte zwanzig: Körperverletzung, siebeneinhalb Jahre Haft. Alles Geschichte, alles vergessen. Weit vor Ablauf der Zeit hat ihn die Begnadigung *(indulto)* zum freien Mann gemacht.

Eine besondere Freilassungswelle rollt, wie auch in diesem Jahr geschehen, zu Ostern über Spanien hinweg. Mit Hilfe von Büßerbruderschaften kommen landesweit etwa fünfzehn Gefangene als »Spezialfälle« frei. Der Urbezug zwischen Gnadenakt und Karwoche verliert sich im Dunkel, obgleich die verbreitetste Version auf das Jahr 1759 verweist. Damals, so besagt eine Melange aus Legende und geschichtlicher Randnotiz, herrschte in Málaga eine Epidemie, die viele Menschen in den Tod riss und die Stadtväter veranlasste, die Karprozessionen zu verbieten. Dagegen regte sich Widerstand, einige Inhaftierte gingen unkonventionell vor. Sie flüchteten, brachten ein Christusbildnis an sich, trugen dies auf Schultern durch die Straßen und flehten bei allen Heiligen den Rückgang der Seuche herbei. Nach ihrer stundenlangen Bittprozession kehrten die Knackis ins Gefängnis zurück, die Epidemie flaute wundersam ab.

Spaniens Herrscher Karl III., dem all dies zu Ohren kam, führte daraufhin die Begnadigungen ein, deren Anträge – im Fall von Málaga – dort heute über die »Königliche, Vortrefflichste, Sehr Erlauchte und Ehrwürdige Bruderschaft von Unserem Vater Jesus Nazarener« laufen. Ein Name, der auf kaum einen Briefkopf passt und so überholt scheint wie die Tradition selbst. Meint zumindest eine große spanische Laizismus-Initiative, die anprangert, dass Freigelassene auf Druck der jeweiligen Bruderschaft eine Reihe ungewollter Akte im Zeichen des Kreuzes über sich ergehen lassen müssen.

Beten, womöglich den Segen empfangen und in Tunika und mit Kapuze an den Büßerprozessionen teilnehmen – ein schier grenzenloses Leid! In diesem Jahr wurde auf Betreiben der Vortrefflichsten und Sehr Erlauchten aus Málaga ein Drogenhändler aus dem nahen Marbella in die Freiheit

Büßerprozession, © Institut für Tourismus in Spanien (TURESPAÑA)

durchgewinkt. Er gab an, das historische Privileg nicht gekannt zu haben und in Zukunft wieder als Selbstständiger arbeiten zu wollen. Und schwärmte: »Nun beginnt mein zweites Leben.«

Nicht immer darf man Bruderschaften und anderen Antragstellern eine glückliche Hand bei der Auswahl der Kandidaten attestieren, so sehr sie bei ihrem Betreiben vorgeben, das Leben der Freigelassenen werde eine »Wende von 180 Grad« nehmen. Manchmal sind es 360 Grad. Will heißen: Mit der Rückkehr hinter spanische Gardinen schließt sich der Kreis. Rekordverdächtig war ein Fall aus Granada, bei dem ein Freigänger einige Tage *vor* seiner vorgesehenen Freilassung bei einer Operation gegen Drogenschmuggler mit einem Kilopaket Kokain in Händen erneut verhaftet wurde.

Unabhängig von Ostern, laufen Anträge auf Begnadigung zu jeder Zeit beim Justizministerium auf, Hunderte Vorgänge werden pro Jahr bewilligt.

Über den Ministerrat landen die Anliegen letztlich auf dem Schreibtisch des

Königs, der sich auf Gutachten und vorherige Bearbeiter verlässt und die Vorschläge abnickt. Rückfälle zählen zur Sparte *Shit happens*, Blindbewilliger wie der Monarch haben keine Konsequenzen zu fürchten. Ob, wie und wann genau die Prozedur ausgeht, dringt nicht immer an die Öffentlichkeit.

Verschwiegen wurde das Ende eines rechtskräftig Verurteilten aus Tudela, der beim Antrag auf Begnadigung vorgab, er habe seine Ehefrau nicht strangulieren, sondern lediglich »zum Schweigen bringen« wollen. Dass der gewaltsame Einsatz eines Männergürtels an einem Damenhals den Effekt des Schweigens in alle Ewigkeit mit sich brachte, war dem Vernehmen nach weder vorhersehbar noch böse gemeint. Kann passieren, sollte aber nicht. Hauptsache, es kommt nicht allzu oft vor ...

Auf deutlich schnellerem Weg als Zweibeiner finden in Spanien Kampfstiere Gnade. Dazu braucht es keinen Gang durch die Instanzen und kein royales Einverständnis. Wäre ich Stier, genügte es, beim Stierkampf so heroisch zu *fighten* wie kein anderer und mir den brüllenden Schmerz nicht anmerken zu lassen. Mit Glück würde mir der Matador kurz vor Toresschluss das Leben schenken, Helfer würden

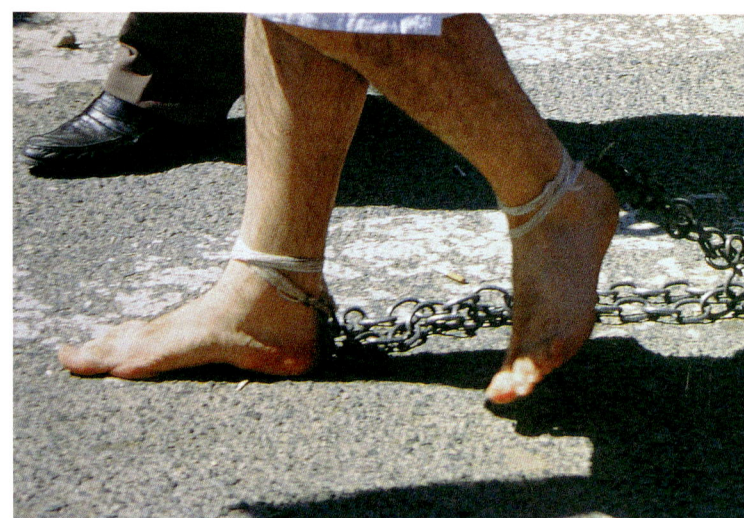

Büßer barfuß in Ketten, Karprozession

mich von der Stätte des blutigen Ekelspektakels abtransportieren und Veterinäre die Widerhakenspieße aus den Tiefen meines Fleisches entfernen.

Leider bedeutet die Begnadigung kein ruhiges Restleben auf der Weide. Wer in der Arena wie ein Löwe gekämpft hat, ist nach menschlichem Ermessen für weitaus härtere Fälle prädestiniert, sprich: es mit einer Unzahl an fortpflanzungsbereiten Weibchen aufzunehmen – und landet geradewegs in der Zucht. Und Zucht steht für Stress. Dauerstöße statt Gnadenstoß. Dann artet der Spaß in Arbeit aus. Dann müsste ich als Stier bespringen, was mir vorgesetzt wird. Ein bitteres Los. Ohne Hoffnung auf Gnade.

# Vogelfutter für jede Gelegenheit

*Was kaue ich, und wenn ja, wie viele?*
*Sonnenblumenkerne sind Spaniens*
*knackiger Knabberspaß.*

Warum essen Menschen Vogelfutter? Warum essen meine Frau und meine Töchter Vogelfutter? Und was bringt mich selber dazu, seitdem ich hier lebe, gelegentlich jenes Vogelfutter zu verzehren, das in Spanien gemeinhin dem menschlichen Körper zugeführt wird?

Auf Sonnenblumenkerne, *pipas*, lasse ich nichts kommen. Sie eignen sich vorzüglich als Zwischenmahlzeit unter ungefiederten Zweibeinern, ob im Kino, auf der Fernsehcouch, den Tribünen eines Fußballstadions oder beim Flirt im Park. In Deutschland dagegen verkauft mein Freund Karl-Adolf *[Vorname von Michael in einen der hässlichsten deutschen, Karl-Adolf, geändert; Gruß von Ihrer Redaktion]* derlei Imbiss für seine Tierernährungsfirma. »Futter für freilebende Vögel« steht auf dem Farbprospekt, den er mir vor kurzem mitgebracht hat. Seither kenne ich mich mit Leckereien wie Meisenknödeln, Erdnussnetzen und Fettstangen aus – und bei »Sonnenblumenkernen classic«, einem hochwertigen Streufutter zu erschwinglichem Preis. Nicht minder köstlich hört sich der »Special Mix« an, der dank Erdnüssen, Hafer und einem hohen Anteil an Sonnenblumenkernen sogar während der kältesten Wintertage einen Zusatz an Energieschub garantiert. Zumindest bei Meisen, Höhlenbrütern, »kleinen Samenfressern« und »großen Samenfressern«; in letztgenannten Fällen scheint es sich gleichfalls um Vögel zu handeln, nicht um Neigungen und unterschiedliche Staturen von ... – Nein, lassen wir das und werfen die Frage auf, ob *pipas* beim Menschen eine ähnlich Kraft steigernde Wirkung auslösen. Oder sind sie, wie Kürbiskerne, gegen Vergrößerungen der Prostata gut? Immerhin steckt in Sonnenblumenkernen ein hoher Anteil an Vitaminen, Magnesium, Calcium und ungesättigten Fettsäuren.

Obwohl ich Karl-Adolfs Absatz gerne ankurbeln und er mir sicher Rabatt gewähren würde, schrecken mich die Mengen ab, die ich aus seinem Sortiment an meine Frau, meine Kinder und mich selber verfüttern müsste. Zehn Kilo »Sonnenblumenkerne classic«, weniger geht nicht laut Prospekt. Nein, eine solche Großpackung bekommen wir unmöglich auf. Dann lieber ein Achtzig-Gramm-Tütchen vom spanischen Kiosk, am besten die ungeschälten *pipas*, in die man die Schneidezähne millimetergenau in die Kanten treibt, um

die Spreu vom Weizen zu trennen, sprich den Kern vom spelzigen Holz. Mein Tipp: Tun Sie es den Spaniern gleich! Mit der Zeit werden Sie ein Gefühl für die Technik entwickeln. Da Schalenreste in der Speiseröhre unangenehm verhaken, verlangt der Aufbruchvorgang nach Präzision und Hilfe Ihrer in Bereitschaft liegenden Zunge. Satt werden Sie vom Allerinnersten kaum, doch darum geht es nicht. Sonnenblumenkerne zu knacken, ist in Spanien ein Habitus quer durch alle Gesellschaftsschichten, eine Mischung aus Ritual

Überall Schalen von Sonnenblumenkernen – Hinterlassenschaften nach einem Heimspiel des Fußballclubs Real Madrid im Stadion Santiago Bernabéu.

und Beschäftigungstherapie. Was kaue ich, und wenn ja, wie viele? Schwer zu sagen. Je nach Mitessern reicht ein Tütchen maximal für eine halbe Stunde.

Berge an aufgeritzten Schalen bezeugen die mitgebrachten Vorräte und die Länge der Verweildauer, vor allem rund um Ruhebänke in Spaniens Grünanlagen. Nicht nacheifern sollten Sie indes einem spanischen Pärchen, das den Kernverzehr unlängst als Vorspiel betrachtete und die leer gegessene Verpackung weiter verwendete. Getreu dem Motto »Not macht erfinderisch, Lust schaltet das Hirn aus«, entfremdeten die beiden das Tütchen im Feuer des Augenblicks als Kondomersatz. Doch das Verhüterli löste keine rechte Gleitzeit aus und blieb in den Untiefen stecken. Endstation war die Notaufnahme eines Krankenhauses in Bilbao. »Kein Einzelfall«, so der behandelnde Arzt gegenüber der Lokalzeitung.

Ich verstehe nichts von Vögeln, aber sie dürften es mit Entrüstung zur Kenntnis nehmen, dass man ihnen gerade in Parks eines ihrer Leibgerichte vorenthält und genüsslich vorkaut. Ganz abgesehen davon, dass ihnen der für den *Homo sapiens* bestimmte Belag entgeht. Die Salzkruste auf den Schalen – ein Genuss! Oder die Variante mit Schinkenaroma. Noch lieber mögen wir familienintern die vor Glutamat erstarrte *Tex-Mex*-Schicht, Geschmacksnote *Tijuana*, leicht scharf.

Und die tröstet mich über den Umstand hinweg, dass Spanien beim Knabberspaß ein echtes Entwicklungsland und nicht – wie bei Döner und Burgern – in den Sog der Globalisierung geraten ist. Chips und Cracker und *pipas*, schön und gut, aber wie sehr vermisse ich jene, die mir in Deutschland ans Herz und Hüftgold gewachsen waren: Salzstangen und Erdnussflips. Dahingehend bräuchte Spanien dringlichst eine kulinarische Mission ...

# Wenn das Gemächt in der Hotelsauna in die Hose und die barbusige »Milchjungfrau« ins Museum gehört

*Nackt gleich unmoralisch?*
*Erregend oder Erregung öffentlichen Ärgernisses?*
*Im Zweifel kommt es auf Kunst oder Wirklichkeit an.*

Im letzten Moment bremste mich das Schild und gebot mir Einhalt, die Sauna des Stadthotels in Barcelona textilfrei zu betreten: »Verehrter Kunde, wir informieren Sie, dass es nicht gestattet ist, diese Einrichtungen nackt zu benutzen. Danke. Die Direktion.« Unmissverständlich stand es sogar auf Englisch da – und es war nicht zum ersten Mal in Spanien, dass ich solch einen Hinweis zum Sittenkodex ausgemacht hatte.

Während ich mich an eine Freizeitbadsauna im Allgäu erinnerte, in der es ausdrücklich untersagt war, sie bekleidet zu betreten, fragte ich mich, ob Spanier tendenziell *unnackt* in eine Hotelsauna gehen. Ich schaute mich um. Niemand sonst war da, nirgendwo eine Notausgabestelle von »Feigenblättern für Saunabenutzer im Adamskostüm« zu sehen. Obwohl per Schild keine Strafe für den Sündenfall in künstlicher Hitze angedroht wurde, huschte ich zurück in die Umkleide und opferte den züchtigen Vorgaben einen Slip, um die primären Geschlechtsmerkmale wieder gut zu verpacken.

Man will ja nichts raushängen lassen, an dem sich andere stoßen könnten, aber trotzdem: ›Weshalb so verklemmt?‹, fragte ich mich weiter, als ich in der Einsamkeit der holzverkleideten Großraumkabine begann, den Baumwollstoff der Unterhose zu durchtränken – für mich ein eher ungewohntes Gefühl, noch dazu in der Sauna. Welche Komplexe mochten die Hoteldirektion plagen? Und hatte ich nicht tags zuvor im Touristenbüro einen Internetverweis zu »Gay und Lesbisch in Barcelona« ausgemacht ...?

Das Pendel zwischen Auf- und Zugeknöpftheit schlägt in Spanien in sonderbaren Extremen aus. Einerseits sind stillende Mütter wegen Verstößen gegen die Normen vom Personal in Schwimmbädern und Museumssälen unsanft ermahnt oder gar des Feldes verwiesen worden. Andererseits begegne ich in denselben Museen – und sogar in Kirchen – gelegentlich Dar-

Maria als »Milchjungfrau«, Kathedralmuseum von Santo Domingo de la Calzada (La Rioja).

stellungen der Gottesmutter Maria, die sich alles andere als puritanisch gibt. Frei von Schambarrieren, steht man ihr als »Jungfrau von der Milch«, *Virgen de la Leche*, gegenüber. Im Beisein des wohlgenährten Jesuskindes ist ein Busen entblößt und der Hügel samt Warzenhof so realistisch gestaltet, als habe die Heilige den Malern und Bildhauern einst leibhaftig Modell gestanden.

Sakralkunst, eine Nummer für sich. Auf manchen Ölbildern spritzt aus der linken Brust gar der Muttermilchstrahl hervor – Maria als Symbol der Barmherzigkeit, als Spenderin des Lebens, als öffentliche Kampfstillerin, als Vorreiterin des Feminismus. Der Barockmaler Peter Paul Rubens verewigte das Motiv der Milchjungfrau in seiner *Entstehung der Milchstraße*, die ebenso wie Goyas *Nackte Maja*, die sich begattungswillig auf einem Sofa ausstreckt, zu den Vorzeigewerken im Madrider Prado-Museum gehört. In der Abteilung Archäologie bekommt man es unten ohne mit genitalen Seilschaften aus Jünglings- und Götterskulpturen der Griechen und Römer zu tun. Da fällt es schwer zu glauben, dass es an selber Stelle im Prado bereits zu Brustalarm, sprich: zu Konflikten mit Stillerinnen, gekommen ist.

Kontraste zu Spaniens Wirklichkeit wirft auch der Kreuzgang im Benediktinerkloster von Samos in Galicien auf. Verwundert betrachte ich stets die

*Fuente de las Nereidas*, jenen »Brunnen der Nymphen«, auf dem die Steingeschöpfe über Hüfthöhe unverhüllt ihre Reize zeigen. Üppigst ausstaffiert, liegt hier Holz für einen strengen Winter vor der Hütte und zeigt zu allen Seiten des Kreuzgangs hin. Ich tippe auf Körbchengröße E. Ein ortsansässiger Mönch namens Juan Vázquez war es, der zu Beginn des 18. Jahrhunderts detailgetreu die Entwürfe fertigte und den Aufbau des Nymphenbrunnens überwachte. Nährboden für Spekulationen muss bleiben, ob das Ensemble damals einzig der Vorstellungskraft des Mönchs entsprang und ob es heute den letzten verbliebenen Ordensbrüdern eine Handreiche zur Fantasie in ihr enthaltsames Leben bringt.

Üppige Konturen – der Nymphenbrunnen im Benediktinerkloster von Samos (Galicien).

Wir lernen, dass in Spanien alles an seinen Platz gehört: das Gemächt in der Hotelsauna im Zweifelsfall in die Hose, das Tummelbecken barbusiger Nymphen in einen Kreuzgang der Benediktiner, Maria als »Milchjungfrau« in Museen, aber der Typus der Echtstillerin möglichst weit weg vom Publikum. Und das gepaart mit dem Hintergrund, dass im wahren Leben kaum jemand unberührt an den Traualtar tritt, an offiziellen Nudistenstränden Hüllen und Hemmungen fallen und unter »Gay und Lesbisch in Barcelona« im *World Wide Web* niemand ein Blatt vor den Mund nimmt, wie ich zwischenzeitlich feststellen durfte: von den besten Anmachtreffs der Stadt bis hin zu *Dark Rooms* in Saunen wie »Thermas«.

Dort wurde meine telefonische Nachfrage heute mit Erstaunen zur Kenntnis genommen. Es sei »unüblich«, so hieß es, in den Räumlichkeiten Kleidung in Form von Unterhosen oder Ähnlichem anzubehalten, aber gegebenenfalls könne dies anderen Gästen gefallen. Unter solchen Vorzeichen bekommt das Verbotsschild in der Hotelsauna eine ganz andere Note …

# Die Zauberformel hat nicht gewirkt

*Spanische Amtsschimmel sind im Umgang
mit den Bürgern kaum in Zaum zu halten –
die Kontakte übertreffen die kühnste Fantasie.*

**H**urra, die Diktatur ist zurück! Für mich besteht seit dem ominösen Einschreiben aus der Vorwoche kein Zweifel. Absender war das *Instituto Nacional de Estadística*, das Nationale Statistikinstitut, Zweigstelle Valencia. Als ich sah, was ich in Händen hielt, verschlug es mir glattweg die Sprache.

Nein, es war nicht der achtzehnseitige Fragebogen mit einer »Umfrage zum Gebrauch von Informationstechnologien und zum elektronischen Handel von Firmen«, der im Umschlag steckte. Es war das Anschreiben mit der Unterschrift eines sogenannten »Provinzdelegierten«, einer jener Hinterstübler also, denen man nie persönlich begegnen wird (und möchte), weil sie sich fernab vom Publikumsverkehr in ihren Löchern verschanzen. Ein bleiches, übel riechendes Nachtschattengewächs. Ein chronischer Kissenpuper. Eine gemeine Ratte, bereit, die per Zufallsgenerator Kontaktierten mit einem Rattenschwanz an Belehrungen und Konsequenzen zu beglücken.

Ich las: »Ihnen wird eine unaufschiebbare Frist von fünfzehn Tagen gesetzt, diesen Fragebogen zu beantworten und an die Adresse auf dem beigelegten Rückumschlag zu senden.«

»Es wird Ihnen mitgeteilt, dass Sie die Pflicht haben, diese Daten in einer exakten, kompletten und wahrheitsgemäßen Form anzugeben.«

»Geben Sie diese Daten nicht an, bedeutet dies eine strafbare Verwaltungshandlung, die, abhängig von ihrer Schwere, mit einer Verwaltungsstrafe geahndet wird. Die jeweiligen Summen entnehmen Sie dem unteren Teil dieses Schreibens.«

Das war kein Scherz und kein Satireprogramm. Das war Spanien *live* im 21. Jahrhundert.

Mein Blick wanderte zum unteren Teil des Blattes, in dem die wahren Niederungen zu Tage traten. Für das Kleingedruckte brauchte ich fast eine Lupe, Zeilen und Zahlen wälzten sich ungelenk über das Papier. Ich entzifferte, dass es als »schwere strafbare Verwaltungshandlung« galt, den Fragebogen »nicht oder verspätet« zurückzusenden. Strafmaß: zwischen 300,52 Euro und 3.005,06 Euro.

Käme es jemandem in den Sinn, »sich notorisch zu weigern« oder »falsche Entschuldigungen« ins Feld zu führen, um sich aus der Pflicht zu stehlen, käme dies einer »sehr schweren strafbaren Verwaltungshandlung« gleich. Dafür sieht der Bußgeldkatalog zwischen 3.005,07 Euro und 30.050,61 Euro vor. Bevor ich darüber nachsinnen konnte, ob dies steuerlich absetzbar oder bei Nichtzahlung eventuell durch eine Gefängnisstrafe zu tauschen wäre, stachen mir neuerlich die Summen ins Auge. Komma nullsieben, Komma einundsechzig – warum? Und warum wurde ich unter »Firma« geführt? Und warum musste gerade auf mich, der sonst nie im Lotto gewinnt, das große Los fallen ...?

Jesús, mein spanischer Schwiegervater, hatte es vor Jahren einmal gezogen und sich per kurzem Telefonat mit dem Sachbearbeiter des Nationalen Statistikinstituts aus der Affäre gewunden. »Sonst ist man jedes Jahr dran«, erklärte mir Jesús. Der schwiegerväterliche Rat lautete, mit einem Anruf die Stirn zu bieten und zu versuchen, die Zauberformel wirken zu lassen: »Sag' dem Beamten, dass du keine richtige Firma führst, sondern selbstständig tätig bist. Sag' ihm, dass du den Fragebogen liebend gerne ausfüllen würdest, doch befürchtest, ihm durch deine Antworten deutlich mehr Arbeit zu verursachen. Wenn als Beamter jemand ›mehr Arbeit‹ hört, winkt er meistens ab.«

Heute Morgen habe ich das Nationale Statistikinstitut kontaktiert – und, wie ich vorausschicken möchte, Pech gehabt. Nach längerer Wartezeit kam tatsächlich der Zuständige an den Apparat, wobei es sich um den Typus des vollreifen Wadenbeißers zu handeln schien, der schon psychologischen Beistand braucht, wenn er sein Spiegelbild sieht und den Aggressionsstau an anderen ablässt. So einer, der beim Mister-Spanien-Wettbewerb nicht einmal eine Chance gegen einen Grottenolm hätte. So einer, der in den Intervallen zwischen Ferienzeiten und Krankschreibungen im Handbuch »Wie ich mir als Beamter erfolgreich ein Feindbild verschaffe« blättert, falls er während der Arbeitszeit nicht gerade mit der Zeitung auf dem Klo sitzt. Kurzum: Er bestand auf der Ausfüllung des Bogens. Dass ich weder einen herkömmlichen Firmenbetrieb noch ein Ladenlokal mit Angestellten führe, interessierte ihn nicht. Und er war resistent gegen meines Schwiegervaters Tipp für den letzten Psycho-Kunstgriff, mit dem ich deutlich machte, dass meine Antworten wahrscheinlich die Allgemeindaten verzerren würden. Es war alles umsonst, es gab kein Entrinnen ...

Nun bin ich dabei, den Bogen gewissenhaft auszufüllen.

»Wie viele Angestellte beschäftigt Ihre Firma?«

Null.

»Wie viele Angestellte sind davon vollzeitbeschäftigt?«

Null.

»Wie viele Güter und Dienstleistungen haben Sie im letzten Jahr von außerhalb bezogen?«

Null Ahnung. Besser: Null.

»Über wie viele Computer verfügt Ihre Firma?«

Einen.

»Geben Sie in Prozent – ausgehend vom Gesamtpersonal – an, wie viele Leute in Ihrer Firma mindestens einmal wöchentlich einen Computer benutzen.«

100 Prozent.

»Geben Sie in Prozent – ausgehend vom Gesamtpersonal – an, wie viele Leute in Ihrer Firma mindestens einmal wöchentlich das Internet nutzen.«

Ebenfalls 100 Prozent.

»Benutzt Ihre Firma *Apache*, *Cherokee* oder *Ruby on Rails*?«

Was habe ich mit Indianern zu tun? Ist *Ruby on Rails* auch ein Indianerstamm? Ich kreuze vorsorglich »Nein« an.

»Haben Ihre Angestellten elektronischen Zugang zu persönlicher Information der Abteilung Humanressourcen?«

Ich bin meine eigene Humanressource, meine eigene Ich-AG. Und ich habe keine Angestellten, schreibe ich wahrheitsgetreu nieder, was den Auswerter verstören wird. Es standen nur Kästchen mit »Ja« oder »Nein« zur Wahl.

»Tritt Ihre Firma per Internet mit der öffentlichen Verwaltung in Kontakt?«

Mit der öffentlichen Verwaltung möchte ich weder per Internet noch sonstwie in Kontakt treten, denke ich, und kreuze »Nein« an.

»Wie ist Ihr Grad der Zufriedenheit bei Kontakten mit der öffentlichen Verwaltung?«

Generell miserabel. Das war in Deutschland schon so. Aber es geht hier wohl um elektronische Kontakte. Zum Glück steht am Ende der Reihe das Kästchen: »Findet keine Anwendung«. Ebenso wenig Anwendung finden die nächsten Seiten und Unterpunkte über elektronischen Handel und Onlineverkäufe durch »meine Firma«. Kreuz um Kreuz kämpfe ich mich mit »Neins« bis zum letzten Blatt vor, auf dem das Thema Umwelt in geschwollenem Spanisch für Fortgeschrittene zur Sprache kommt.

Ob die Firma virtuelle Meetings organisiert, um damit »physische Verlagerungen von Personen« zu vermeiden, will man wissen. Ob die Firma technologische Anwendungen installiert hat, um den Energiekonsum zu reduzieren. Und ob eine Firmenpolitik verfolgt wird, ist allen Ernstes zu lesen, den Verbrauch von Papier zu reduzieren.

Nein, in »meiner Firma« nicht, aber ich könnte dem Nationalen Statistikinstitut dahingehend einen sehr, sehr guten Rat geben …

# Gasalarm

*Wie es mir gelang, die spanische*
*Gasgesellschaft zu überlisten.*

In einer außerolympischen Wertung verleihe ich im Geiste pro Quartal einmal Gold für den giftigsten Umgang mit Kunden. Natürlich ist die Auswahl stark subjektiv. Natürlich hat bis heute niemand die Ehrung leibhaftig entgegen genommen, bei der ich als Preis eine Urkunde, KEIN Gold und eine exklusive Zuchtkultur aus Krätzemilben überreichen würde. Auf der obersten Stufe des Unruhms haben bereits die lokale Post, das Bürgeramt, der Handyanbieter meiner Frau und ein Chinarestaurant gestanden. Die ewige Siegerliste führen Kopf an Kopf die Gas- und die Stromgesellschaft an. Im abgelaufenen Quartal hat es neuerlich *GasNatural*, die Gasgesellschaft, an die Spitze und damit endgültig in die *Hall of Shame* geschafft. Glückwunsch.

Ausgangspunkt war der Besuch des Gasablesers, der seine gewohnte Kurzarbeit im Haus verrichtete. Tage später kam die Zweimonatsrechnung, der Betrag war horrend: 480,62 Euro. Eigentlich bezahlen wir ein Fünftel davon, was Fragen aufwarf. Haben wir seit zwei Monaten unbemerkt und ohne zu schwitzen die Heizung auf Höchststufe angelassen? Oder steht unsere jüngste Tochter seither unter der heißen Dusche? Nein, hier lag ein Irrtum vor.

Die Nummer des Zählers stimmte. Auch Grundpreis und Zählermiete – sprich: die politisch abgenickte Revolutionssteuer der Gasgesellschaft – entsprachen den gängigen Summen. Als Schluss blieb nur: ein Zahlendreher des Gasablesers. Doch den Zählerkasten unter dem Dach fand ich verschlossen vor. Wen informieren? Zur Wahl standen das Kundenzentrum in der Stadtmitte, das Servicetelefon und das Kontaktformular auf der Homepage von *GasNatural*. Die Endloswarteschleife sprach gegen das Telefon, die spanische Praxis, E-Mails allenfalls nach mehrmaliger Nachfrage zu beantworten, gegen das Kontaktformular.

Persönlich ist ohnehin besser, dachte ich, und wurde im Kundenzentrum von *GasNatural* in Pamplona vorstellig. Ich schilderte brav das Problem und sah mich unvermittelt in ein Gespräch verwickelt, das nur jene nachvollziehen können, die schon einmal im Kundenzentrum von *GasNatural* in Pamplona gewesen sind. Mentalitätsfremden sei vorausgeschickt, dass der Spanier Probleme gerne so rasch wie möglich vom Tisch wischen will. Und zwar vom eigenen. Blitzschnell wird der Ball dem nächsten zugespielt. Mit solcher Taktik ist Spanien schon Fußballweltmeister geworden.

Im Kundenzentrum stürzten Antworten auf mich ein, die ich wegen ihrer Behördenformeln nur verkürzt wiedergeben möchte:

»Nein, da können wir Ihnen nicht helfen.«

»Nein, Sie müssen sich an das Servicetelefon wenden.«

»Nein, nicht hier, wählen Sie zuhause das Servicetelefon an.«

Meine Abschlussfrage lautete: »Wozu ist Ihr Kundenzentrum eigentlich da?«

Antwort: »Um neue Kunden zu gewinnen.«

Womit das geklärt war und ich nach Hause zurückkehrte. Dort entschied ich mich, die Hochpreisnummer von *GasNatural* zu wählen. Nach einer gefühlten Stunde mit Musik und Bandansagen erklang eine Echtstimme. Dann stürzten damenschrille Antworten auf mich ein, die mir den Behördenton im Kundenzentrum rückblickend wie eine Audio-Wellnesskur vorkommen ließen. Dies hier grenzte an akustischen Sadismus.

»Nein, der Gasableser kann unter keinen Umständen noch einmal zu Ihnen kommen.«

»Nein, selbst wenn es ein Irrtum gewesen sein sollte, wird die vorliegende Rechnung erst von Ihrem Konto abgebucht.«

»Nein, sollte sich beim nächsten Ablesevorgang ein Fehler herausstellen, wird Ihnen die Differenz zurücküberwiesen. Falls nicht, nehmen Sie wieder Kontakt mit uns auf.«

»Ich wiederhole: Der Gasableser kann unter keinen Umständen noch einmal zu Ihnen kommen.«

Gegen Ende nahm die Stimme einen höhnischen Unterton an: »Falls Sie sonst noch ein Anliegen haben, sind wir am Servicetelefon von *GasNatural* immer für Sie da. Rund um die Uhr. Wir wünschen Ihnen einen schönen Tag.«

So weit, so unschön, doch nach dem Ende des Telefonats sah ich den Rettungsanker unverhofft vor mir liegen. Unten rechts auf der Rechnung stand eine andere, kostenlose Telefonnummer von »Gas Natural«, Abteilung Notfälle.

Es war direkt jemand dran.

»Ich glaube, bei uns tritt Gas aus«, sagte ich kurz und knapp, nannte Namen und Adresse.

Zwanzig Minuten später stand der Notdienst von *GasNatural* vor der Tür. Zwei Männer. Bewaffnet mit Instrumenten und Werkzeugkasten. Bereit, der größten Gefahr zu begegnen. Irgendwie kamen sie mir wie die Geisterjäger im Film *Ghostbusters* vor – die Älteren werden sich erinnern.

Wann erwischt es diese Rohre, die außen an unserem Dach entlanglaufen ...?

Ich begleitete sie hinauf zu Rohren und Boiler.

»Ich weiß nicht genau wo, aber irgendwo muss Gas austreten«, sagte ich so überzeugend wie möglich und setzte hinzu: »Ich bin mir nicht sicher, ob das von Belang ist, aber wir haben heute eine Rechnung erhalten, die fünfmal so hoch ist wie sonst. Irgendetwas stimmt nicht.«

»Da wollen wir mal sehen«, sagte der erste Nothelfer und schnüffelte laut hörbar umher wie sein Kollege.

»Also ich rieche nichts«, sagte der andere nach einer Weile.

»Ich auch nicht«, sagte der erste.

Dann kam ihm eine Idee. »Kann auch ein Ablesefehler gewesen sein. Wo ist der Zählerkasten?«

Ich führte ihn hin, er schloss ihn auf, in Händen sein Ablesegerät. Kurz darauf lag kein Gasgeruch, sondern der Hauch von Triumph in der Luft.

»Ich kann dich beruhigen«, sagte er würdevoll, duzte mich und legte mir kameradschaftlich eine Hand auf die Schalter.

»Dann bin ich ja beruhigt«, sagte ich.

»Hier tritt nirgendwo Gas aus, da muss sich der Ableser zuletzt vertan haben. Wahrscheinlich ein Zahlendreher.«

Sprach es, griff zum Handy, drückte eine Kurzwahl und flüsterte mir zu, bevor sich jemand meldete: »Ich geb' den Fehler an die Zentrale durch. Die korrigieren das da sofort.«

P.S. #1 Im Vergleich zu dem, was eine gewisse María Eugenia L. als Besitzerin einer komplett ausgebrannten Wohnung erleben musste, bin ich noch glimpflich davongekommen. Was nach der Katastrophe seitens der Gasgesellschaft folgte, war für sie »fast noch schlimmer als das Feuer selber«. Noch Monate nach dem verhängnisvollen Tag wurde versucht, das Konto der Überlebenden mit Rechnungen »in großer Höhe, basierend auf Schätzungen« zu belasten, gab sie gegenüber einer Zeitung an. Originalzitat María Eugenia: »Ich habe fast täglich bei denen angerufen, aber man bestand darauf, dass mein Zähler im Computer als ›nicht abgemeldet‹ auftauchte. Dabei war er einfach verglüht.«

P.S. #2 Irgendwann sollen alle »Servicenummern« in Spanien kostenlos sein, was die Gesellschaften als Ausgleich in einer der vielen Preiserhöhungen mit ebenso viel Freude in ihren Rechnungen weitergeben werden. Dem Gesetzgeber sei Dank.

# Doppelkopf in Santander

*Wie die Schädel der Märtyrer
Emeterio und Celedonio auf
große Reise gingen – Spuren und
Gedanken zu einer Legende.*

Im Schrein brennt Licht. Wie magisch zieht mich der Schimmer nach vorne in die Christuskapelle von Santander, wo der Gekreuzigte den Altarraum beherrscht, überzogen von Blut auf dem Oberkörper.

Doch hier und heute geht es um zwei andere Männer, die gleichfalls ein grausames Schicksal erlitten. Ihnen ist der Schrein vor dem Zugang in die Sakristei geweiht, ihnen stehe ich nun gegenüber, zumindest ihren glitzernden Reliquienbüsten: Emeterio und Celedonio, ein Brüderpaar, das zu römischen Zeiten lebte und starb. Ein Schild gibt Aufschluss, dass die kunstvollen Silberwerke die Originaltotenschädel ummanteln. Stolz und erhaben sind die Büsten hinter Glas auf ein leuchtrotes Tuch gebettet, ihre Bärte rauschig, ihre Haare sorgsam gewellt und wie frisch vom Friseur. Als sie um das Jahr 300 als Wasserleichenstücke im kantabrischen Santander eintrafen, dürften sie nicht ganz so gepflegt ausgesehen haben. Schlagen wir das Buch der Legende auf …

Emeterio und Celedonio, so sagt man, waren Söhne eines römischen Befehlshabers und folgten ihrem Vater in den Dienst der Legionen. Im Laufe der Jahre fühlten sie sich insgeheim immer stärker zum Christenglauben hingezogen und hatten in der heutigen Rioja bei einem Aufmarsch in Calahorra ihr religiöses *Coming-out*. Indem sie eine Standarte von ihrem Stoff befreiten und die blanken Stangen in Form eines Kreuzes zeigten, bekannten sie öffentlich ihre Liebe zu Jesus Christus. Was folgten, waren Festnahme und Kerkerhaft, die mit Verhören und Foltern einherging. Beide schworen dem Glauben nicht ab und blieben standhaft bis zum Tod durch das Schwert. Kurz vor dem Martyrium warf Emeterio seinen Ring und Celedonio ein Tuch empor – als Zeichen der ewigen Verbundenheit mit Gott.

Nach der Enthauptung in Calahorra ließ man die Körper der Brüder zurück, während Handlanger die triefenden Köpfe an den Haarbüscheln packten und in den Fluss Cidacos schleuderten. Nach einer langen Reise trieben die Köpfe in Santander unversehrt an den Strand, wurden von Christen gefunden und fortan als heilig verehrt.

Markierte »Reiseroute« der Märtyrerköpfe: von Calahorra (südöstlich von Logroño) bis Santander, fast komplett um die Iberische Halbinsel.

Soweit der überlieferte Stoff. Aber, halt, wie konnte das sein?

Ich breite die Karte der Iberischen Halbinsel auf meinem Schreibtisch aus. Zwischen Calahorra und Santander liegen Luftlinie zwar nur 200 Kilometer, doch der Cidacos ist ein Zufluss des Ebro. Und der Ebro mündet südostwärts ins Mittelmeer, während die Fundstelle der Köpfe in nordwestlicher Richtung an der Atlantikküste liegt.

Zunächst mit dem Zeigefinger, später mit einem farbigen Marker ziehe ich die Reiseroute der Schädel nach, die ich ab dem Delta des Ebro als leitmotivische Kreuzfahrtstrecke auf dem »Traumschiff« oder dessen Ablegern empfehle: an der Küste Valencias, der Costa Blanca und Costa del Sol entlang, dann durch die Straße von Gibraltar in den Atlantik, vorbei an der gesamten Kontinentalküste Portugals und den tiefen Einschnitten der Meeresarme Galiciens und Asturiens bis Kantabrien. Für all die Panoramen, die traumhaften Städte und Landschaften hatten die Brüder unterwegs keinen Blick mehr. Was hätten ihre Augen – wären sie nicht für immer geschlossen gewesen – zwischen Wellental und Wellental nicht alles an Schönheit gesehen! Den bizarren Felsgiganten Penyal d'Ifac hinter dem Kap von Nao, die Berge Nordafrikas auf der Höhe der Landspitze von Tarifa, später das alte Cádiz, die Strände und Steilfelsen der Algarve, Kap São Vicente, die Flussmündungstrichter von Tejo und Miño, Kap Finisterre, den Herkulesturm von La Coruña, den Hafenstützpunkt Gijón. Vielleicht hätten die Heiligen auf dem Weg von Gijón nach Santander sogar die *Bufones de Pría* ausgemacht, Felskanäle, durch die bei schwerer See das Wasser schießt und Geysiren gleich über zwanzig Meter hoch aufsteigt.

Die Märtyrerköpfe der in Kantabriens Hauptstadt Santander verehrten Heiligen Emeterio und Celedonio.

Bevor ich weiter darüber nachsinne, wie die schwimmenden Schädel von Fäulnis und gefräßigen Fischen verschont bleiben und woher die Kopffinder wissen konnten, dass es sich um Emeterio und Celedonio handelte, die man bis heute als Patrone der Stadt und Diözese Santander verehrt, stelle ich meine Gedankengänge ein. Ich werde auch nicht eine zweite Legendenversion ausbreiten, der zufolge ein Schiff aus Stein (!) die ins Meer getriebenen Köpfe auf der Höhe von Sevilla aufnahm und bis Santander transportierte. Und ich hüte mich davor, das Schicksal der in Calahorra zurückgebliebenen Körper anzurühren, die – in der Vorläuferkirche der dortigen Kathedrale verehrt – bei einer Gelegenheit im Mittelalter eigenmächtig in die Bergwelt flüchteten, um einer drohenden Schändung durch Muselmanen zu entgehen. Später fand man die kopflos Verirrten wieder und überführte sie in feierlicher Prozession zurück nach Calahorra.

Ich gebe mich geschlagen und sehe ein: Wer dem Schatz der Legenden allzu nüchtern begegnet, ist zum Scheitern verurteilt und nimmt ihm all seinen Zauber. Die Geschichte um Emeterio und Celedonio mag nicht so recht Hand und Fuß haben, aber zumindest zwei Köpfe, die sogar Einzug ins Wappen von Santander gehalten haben.

# Spanien, deine Diebe

*Gullydeckel, Windhunde, Bahngleise,*
*ganze Stücke Straßenasphalt,*
*Kürbisse zu Halloween – erstaunlich,*
*was alles entwendet wird.*

»Nächtlicher Einbruch in chemische Reinigung – 75-jähriger zum 104. Mal verhaftet«, stand vor vier Wochen in der Zeitung. »Nächtlicher Einbruch in Schnellimbiss – 75-jähriger zum 105. Mal verhaftet«, war letzte Woche zu lesen. Glückwunsch, Alter, du peilst einen Eintrag ins *Guinness Buch der Rekorde* an!

Meine Gratulation geht gleichermaßen an Spaniens Rechtsvertreter. Den einhundertfünf Verhaftungen sind, wie unschwer zu errechnen, einhundertvier Freilassungen des diebischen Opis vorausgegangen, die letzte wieder rasend schnell. Durch dieses Vorgehen hilft die Justiz nicht nur, die Arbeitsplätze von Glasern (eingeschlagene Scheiben) und Schlüsseldiensten (aufgebrochene Türen) zu sichern, sondern gibt der Polizei auf Dauer Beschäftigungstherapie.

»Fangen und freilassen«, heißt das beliebte Gesellschaftsspiel, das unter Vorgabe von Verfahrensfehlern schon erfolgreich mit Massenmördern der baskischen Terrororganisation *ETA* praktiziert worden ist. Unlängst in Barcelona war die Reihe an einer Betrügerbande, bei der 23 von 24 Mitgliedern unter nicht näher genannten Auflagen gleich wieder freikamen. In Grüppchen hatten sich die hinlänglich Vorbestraften bei Touristen aus Asien und Nordamerika als Polizisten ausgegeben, ihre Dienstmarken in Form von Mitgliederausweisen privater Sportclubs vorgezeigt und Glauben gemacht, die Personalien überprüfen zu müssen. Dabei gelang ihnen letztlich das Kunststück, den Besuchern nicht nur freiwillig die Kreditkarten, sondern auch die dazugehörigen Geheimnummern zu entlocken ...

Als Dieb in Spanien muss man bereit sein für neue Ideen und Herausforderungen. Nicht überall darf man indes auf unbedarfte Touristen hoffen, die in Urlaubsstimmung dümmer sind als die Polizei erlaubt, doch das Risiko, länger in Haft zu bleiben, ist minimal. Sicher, manches erfordert im Vorfeld eine Investition, so wie bei einem Mittvierziger aus Navarra, der eigens einen Kranwagen anmietete, um damit drei Großanhänger vom Parkplatz einer Transportfirma auf sein Landgut zu schleppen. Der Sachwert von über 50.000 Euro lag ein Vielfaches über der Leihgebühr. Leider ging die Aktion nicht ganz unbemerkt ab und die Rechnung nicht auf. Ein wenig übertrieben schien auch der Arbeitseifer eines Vorbestraften aus Madrid, der einen Altwarenhändler mit einer rekordverdächtigen Menge an Einkaufswagen aus Großsupermärkten versorgte: über 3.000 Stück binnen eines Jahres. Ein von der Polizei in ein Gefährt eingebautes GPS brachte schlussendlich auf die Diebesspur, 29 Wagen konnten vor dem sicheren Tod im Schmelzofen gerettet werden.

In Zeiten steigender (Rohstoff-)Preise wird einfach geklaut, was niet- und nagelfest scheint. Seit einiger Zeit sammele ich dazu Zeitungsausschnitte: hundert Meter Bahngleise an einer stillgelegten Strecke bei Corella, sechs Kilometer Telefonkabel in Olóriz, je über zwei Zentner schwere Quadersteine eines westgotischen Kirchleins aus dem 7. Jahrhundert in der Provinz Burgos, fast sämtliche Kupferkabel eines Solarenergieparks in Cabanillas, 150 Quadratmeter Asphaltbelag einer Straße in Kantabrien, Dutzende Gullyabdeckungen in Katalonien. Während der Asphaltraub sogar die Polizei vor ein Rätsel stellte, ist der Deal und Kreislauf rund um Kanaldeckel ganz interessant. Ihr Gusseisen macht sie attraktiv, das Geld liegt buchstäblich auf der Straße. Aushebeln und wegschaffen, mehr braucht es nicht. Hundert Euro pro Stück zahlt der Schrotthändler, der – ebenso wie bei den zu etwa gleichem Preis gehandelten Einkaufswagen – dezent die Herkunft übergeht. Mit dreißig Prozent Aufschlag veräußert er die Deckel an Firmen weiter, die sie einschmelzen und als Neuware wiederum den Städten und Gemeinden verkaufen, denen sie einst gehörten. Jeder gewinnt, bis auf die öffentliche Hand und jene Bürger, die zwischenzeitlich in offenen Kanallöchern verschwinden.

Kürzlich habe ich in der *Welt* mit Erstaunen gelesen, dass der Gullydeckelklau auch in Deutschland bekannt ist, ebenso die Entwendung von Klotüren, Fässern mit ausrangiertem Frittenfett und Bienenvölkern mit zwei Millionen Honigbienen. ›Wohin damit?‹, frage ich mich. Ranziges Fett, klar, dürfte seine Endabnehmer in *Fish'n'chips*-Buden in England finden, die den ersehnten Ölwechsel betreiben, aber Bienenvölker …? Oder – auf Spaniens tierischem Sektor – Windhunde …? In deren Namen nämlich prangert die *Federación Nacional de Galgos*, die Vereinigung der Windhundehalter, alljährlich Dutzende Diebstähle an; selbst *Muleta*, vormals spanische Vizemeisterin, blieb nicht verschont und wurde nächtens und schnell wie der Wind aus ihrem Zwinger in Casarrubios del Monte, Provinz Toledo, auf Nimmerwiedersehen entfernt.

»Für manche ist es ein Luxus, einen Picasso im Haus zu haben, andere halten sich einen wertvollen Windhund als Statussymbol«, hat ein Fahnder gegenüber einer Zeitung erklärt und mich beruhigt, dass meine Magenbeschwerden nach dem letzten Besuch im Chinarestaurant eine andere Ursache haben mussten.

Gut und kostenlos einkaufen lässt sich in Spanien in Treibhäusern, auf Weiden und Feldern. Herdenweise werden Schafe und Lämmer, säckeweise Bohnen, Paprika, Zitronen und Orangen abtransportiert. Pünktlich zum letzten Halloween-Fest zeigte ein Bauer aus Galicien den Raub von 35 Kürbissen an, was ihm vor allem für seine Haussau leidtat, die sich wieder mit dem üblichen Schweinefraß aus Kohl- und Kartoffelresten begnügen musste.

Während sich der Klau einer *Facebook*-Identität nicht finanziell beziffern ließ, beklagten Klausurnonnen des Klosters Santa Lucía aus Zaragoza stolze eineinhalb Millionen Euro, die auf einmal abhanden gekommen waren. Warum sie das Geld in einem Schrank in Müllsäcken aufbewahrten, ob vielleicht eher die Müllabfuhr als Diebe für den Verlust verantwortlich zeichneten und – vor allem – woher genau die Scheine stammten, ist bislang ungeklärt. Sollten die Zisterzienserinnen durch den Verkauf von Kunstwerken Schwarzgeld gehortet haben, plädiere ich im Sinne der spanischen Steuerzahler dafür, sie vor der *All-inclusive*-Institution Gefängnis zu bewahren. Herrgott, sind die Zellen nicht sowieso nach außen hin vergittert? Und ist ein Leben der Enthaltsamkeit in Klausur nicht Strafe genug ...?

Der Gedanke an die Ordensschwestern bringt mich dazu, mein Gewissen zu erleichtern. Ja, ich bin in Spanien selbst einmal als Dieb vom rechten Weg abgekommen, genauer gesagt: ein paar Meter vom Jakobsweg bei Estella, wo ich mich an einem Spätseptembertag auf einem unabgezäunten Grundstück an einem Rebstock mit vollreifen Weintrauben eindeckte, die etwa eine Stunde danach verzehrt waren. Es dürfte ein Kilo gewesen sein, schätze ich, mehr als ein landläufiger Mundraub.

Obgleich umsonst, war es ein hoher Preis, den ich bis in die Mitte des folgenden Tages hinein in Form mehrerer Klopapierrollen für meine Tat bezahlen musste. Ich schwöre, dass ich mich nicht mehr derart versündigen werde. Zumindest nicht, ohne die Trauben vorher zu waschen.

# Rein organisch gesehen

*»Organmangel« heißt es immer öfter
in Spaniens Medien. Das geht an die
zu ersetzenden Nieren, der Rückgang
der Unfälle gefährdet den Nachschub.*

»B anges Warten auf Spenderherz« und »Organmangel in Spanien« stand zuletzt in der Zeitung. Ich fand den Bericht befremdend. Unterschwellig schwang beim Blick auf Wartezeiten und Ungewissheit so etwas wie ein Vorwurf mit. Mir schien, als habe der Verfasser ausgeblendet, dass erst ein Licht ausgehen muss, damit ein anderes weiterleuchtet. Hiermit biete ich ihm eine pietät- und geschmacklose Sicht der Dinge an. Er sei gewarnt – und Sie auch …

Acht Unfalltote letztes Wochenende, hat Spaniens Nationale Verkehrsbehörde mitgeteilt. Eine magere, enttäuschende Bilanz auf den Straßen des Landes. Ein paar Schwerverletzte, niemand im Koma, keiner hirntot. Früher, da waren vierzig bis fünfzig Menschenleben pro Wochenende die Regel. In jüngerer Vergangenheit sind die Unfallzahlen dramatisch gesunken, wie der Blick in die Annalen beweist. Arbeitsplätze in Krankenhäusern, Krematorien, Friedhofsanlagen, Prothesen- und Blumenläden sind in Gefahr. Alkoholkontrollen, Radarfallen, Aufklärungskampagnen im Fernsehen, ein Punktesystem für Verkehrssünder – all das hat Besorgnis erregende Konsequenzen. Nicht einmal mehr telefonieren darf man am Steuer.

Was nützt ein landläufiger Schädelbasisbruch, ein Schleudertrauma, von dem man sich irgendwann erholt, doch mangels Ableben einen Mitmenschen in den Tod treibt? Hat niemand mehr ein Herz für die, die auf der anderen Seite stehen? Neue Lungen braucht das Land. Wo bleibt die frische Befüllung der Kühlköfferchen, wo die Arbeit für die Entnahmeteams, wo der dringend benötigte Nachschub an Lebern? Und es geht nicht nur um Lebern, die durch eigene Schuld in Form von Sherry, galicischem Trester und eichenfassgereiftem *Rioja* über Jahre systematisch zersetzt worden sind.

Notleidende der rückläufigen Unfallopfer sind in Spanien jene, die händeringend ein Transplantat brauchen und ihre Warteschleifen zwischen dem Dies- und Jenseits drehen. Da hatte der Verfasser von »Banges Warten auf Spenderherz« natürlich Recht. Es ist die triste Kehrseite der Medaille. **54**

Die Zeit des Hoffens und Bangens geht vielen an die zu ersetzenden Nieren, manches erledigt sich mangels Spendernachwuchs zwischendurch biologisch.

Das Problem liegt nicht in der grundsätzlichen Spenderbereitschaft. Spanier knausern mit Trinkgeld im Restaurant und Hotel, aber sie spenden gerne, sofern es nichts kostet. Wenn aber potenziellen Crashpiloten mit immer neuen Auflagen der wilde Stier am Steuer ausgetrieben wird, wenn selbst Mofa- und Motorradfahrer in Andalusien mittlerweile den Helm aufsetzen – was ist aus Spanien geworden? Wo, um alles in der Welt, soll möglichst rasch und viel Material für Neuverpflanzungen herkommen? Aus China vielleicht, zusammen mit der nächsten Lieferung von Dosenspargel und elektrischen Nasenenthaarern?

Alternativ richtet sich der Blick auf Arbeitsunfälle. Sicher, vereinzelt werden spanische Dachdecker noch vom Winde verweht, Fließbandkräfte von Maschinen zermalmt, Werkarbeiter von Gabelstaplerfahrern in *Schaschlik Homo sapiens* verwandelt – aber dann ist eh alles kaputt. Dann tragen die Opfer – gewissermaßen – ihr Herz auf der Zunge oder haben es auf die Schnelle ausgeschüttet. Bleibt festzuhalten, dass Arbeitsunfälle generell aus der Mode gekommen und kein Lichtstreif der Hoffnung sind.

In Spanien entsprechen Vorschriften und Sicherheitsvorkehrungen heute dem Anspruch an ein modernes Land in Europa. Traurig, aber wahr. Zuletzt in der Nähe von Burgos musste ich sogar beim Besuch der Weltkulturerbestätte Atapuerca einen leuchtgelben Schutzhelm tragen. Übergestülpt über eine Art Haarnetz. Ein lächerlicher Anblick. Mein Gott, es hätte ja etwas passieren können ... Dabei führte der Rundgang nur an ein paar Gerüsten und Ausgrabungen vorbei, wo Archäologen Reste des spanischen Neandertalers ausgebuddelt hatten.

Apropos Altmensch. Die letzte Hoffnung auf Nachschübe an Organen würde auf Rotampelgängern ruhen, bestünden sie nicht vornehmlich aus ganz besonderen Exemplaren. Immer wieder beobachte ich sie, wie sie sich auf den Bürgersteig gegenüber retten und es trotzdem wagen, hupenden Autofahrern Gesten der Unmut hinterherzuschicken. Diese Spezies der unverfrorenen Straßenkreuzer muss ich zunächst in Schutz nehmen. Die meisten wissen kaum mehr, was sie tun. Sie gehören der Generation Achtzig plus an und sind ein echtes Phänomen. Ich weiß nicht, ob sie historisch bedingten Nachholbedarf als Aufrührer gegen die Normen verspüren oder ob die Natur Adrenalinkicks für Greise vorgesehen hat, aber ich sehe in Spanien, was ich sehe und wen ich sehe, Tag für Tag.

Typischer Rotampelgänger, hier in Asturiens Hauptstadt Oviedo.

Und ich vermute, dass ich sie solange sehen werde, bis sie ausgestorben oder endlich – von Fahrzeugen wie vom Sterberegister – erfasst worden sind: Uralte, Schlurfende, Hinkende, fast scheintote Beinnachzieher, nicht selten Krückstockträger, die mit ihrem Restleben spielen. Sie alle trennt beim Überqueren roter Ampeln eine Mantelbreite von den ewigen Jagdgründen. Doch als Kandidaten für Nachschub auf dem Organmarkt taugen auch die nicht mehr.

# Fettkringel, Zinktabletten und des Tages Erste Ölung

*Spaniens Frühstückskultur schwankt zwischen traditionellem Trauerspiel und Avantgarde.*

Was ich am spanischen Radio liebe, sind die markerschütternden Torschreie *(»Goooooooool!«)* bei Fußballübertragungen sonntags abends. Ansonsten bin ich kein Rundfunkhörer, denn mich nerven die typischen Plauderrunden *(tertulias)*, bei denen alle durcheinander reden, doch vor einiger Zeit ließ ich nach Übernahme eines Mietwagens das Programm zu früher Stunde so eingeschaltet wie es war. »Verratet uns, was ihr zum Frühstück esst«, tischte der Moderator den Hörern auf. Was gab es da mitzuteilen?

War nicht von vornherein klar, dass in Spanien Frühstück – sofern es sich überhaupt in Form einer definierten Mahlzeit abspielt – als traditionelles Trauerspiel zelebriert wird? Immer süß, immer gleich wenig, einfach spartanisch, nichts für die Gesundheit, nichts für die Substanz. Alleine der Morgenblick auf die Teller meines Clans, in den ich durch meine *Big fat Spanish Wedding* eingeheiratet habe, hätte ausgereicht, um meine langjährigen Erfahrungen mit Beispielen zu belegen. Kein Wurstbrot, kein Käsebrot, kein Obst, kein frischer Saft, keine Haferflocken, kein Quark, kein Vollkornmüsli, Beuteltee nicht einmal im Notfall. Statt dessen ein höllenstarker Kaffee, der gleich zu Tagesbeginn ein Loch in den Magen reißt und keine andere Möglichkeit gibt, als schlagartig wach zu werden und die Darmfunktion anzuregen. Dazu ein Croissant. Oder ein magerer Toast *(tostada)*. Oder eine *magdalena*, Biskuitgebäck in Häubchenform. Oder ein süßes, weiches, gummiartiges Milchbrötchen *(pan de leche)*, das sich bei Eindruck des Fingers gleich wieder aufbuckelt wie ein Katzenrücken. Kulinarisch deprimierend ergeht es auch meinem Schwiegerhund, der staubtrockene Kräcker zu seinem Napf Leitungswasser bekommt und – seit ich ihn als Welpen kenne – von chronischem Hunger geplagt scheint.

»Erst ein Löffelchen Olivenöl zum Frühstück«, hörte ich bei der Autofahrt plötzlich eine gewisse Berta aus Lugo im Radio sagen.

»Löffelchen?«, hakte der Moderator nach.

»Na gut, ein Esslöffel, richtig voll, immer auf nüchternen Magen«, sagte Berta und unterstrich ihren Schluckvorgang durch ein lautmalerisches »*Glub*«. Dann folgte ihr Kurzvortrag, wie gut Olivenöl von innen heraus für ihre Haut sei, »aber nur das gute, das kaltgepresste.«

»Und was ist bei dir mit Kaffee?«, fragte der Moderator.

»Nein, kein Kaffee, aber nach dem Öl drei Orangen oder drei Birnen oder drei Kiwis.«

»Immer drei?«

Zuckerbestreute *Churros* (Fettkringel), hier ohne Schokoladensoße.

»Ja, immer drei, kommt darauf an, was ich im Haus habe.«

Berta aus Lugo erstaunte mich mit ihrem Bekenntnis zur Gesundheitskost und zu des Tages Erster Ölung, eine echte Strömung der Avantgarde. Von José aus Alicante war zu erfahren, dass er allmorgendlich einen Babybrei aus dem Gläschen liebt und danach einen Espresso und eine Banane, wobei ungeklärt blieb, über welche Restbestände an Zähnen er verfügte. Und Nacho, ein älterer Herr, bekundete, seinem Körper vor dem Müsli zuallererst Zinktabletten zuzuführen, um das Immunsystem zu stärken.

Seit dem Radioprogramm hat mich das Thema Frühstück sensibilisiert. Meine Schwägerin Ana, die ihre Arbeitszeit in einer Landwirtschaftsbehörde tötet und sich dafür zumindest schämt, erzählt aus der Distanz der Beobachterin, dass ihre Beamtenkollegen im Regelfall ungefrühstückt erscheinen, um ihren Dienst irgendwann im Laufe des Vormittags zwischen Zeitungslektüre und größtmöglicher Gefechtsabwehr von Anrufen mit einer ausgiebigen Rast im Café um die Ecke sinnvoll zu nutzen. Meist gegen halb elf, elf. Dann kann der neue Ernährungstag durchaus mit einem Häppchen Kartoffelomelette *(tortilla de patata)* beginnen, das gleichlaufend hilft, den Geruch zu beseitigen, der ungefrühstückten Rachen entsteigt. Zu den Begleitphänomenen dieses Frühstücktreffs zählen die Analysen des vorangegangenen Fernsehabends und des laufenden Ligabetriebs im Fußball.

Ist die Morgenstund' noch jung und die Nacht tendenziell durchzecht gewesen, versorgen sich Spanier im Extremfall mit einer Kaloriengranate, die die Tinte in den Füller treibt: Fettkringel *(churros)* mit Schokoladensoße *(chocolate)*, ein verbreitetes kulinarisches Phänomen in Bars und Kaffeehäusern. Des Einzelnen Eintauchvorgänge der Fettkringel mit den Fingern in die dickflüssige Masse darf man sich ähnlich appetitlich vorstellen wie die

Nahrungszufuhr eines Franzosen, der früh morgens das halbe Croissant in der Kaffeeschale versenkt und dann versucht, das durchtränkte Weichteil irgendwie unfallfrei in den Mund zu befördern. Wer einmal Zeuge dieses Schauspiels geworden ist, weiß, was ich meine. Französische Vollbartträger setzen dem Verzehr der Hörnchenteile aus dem Wannenbad die Krone der Ästhetik auf.

Wie mühelos sich der Morgenschaltkreis von »Süß« auf »Alles« umlegen lässt, stellen manche Spanier an Hotelbuffets unter Beweis und fügen sich verhaltensbiologisch in internationale Gepflogenheiten ein. Stichwort Futterneid, spezifisch für in Gruppen lebende Wirbeltiere, die Nahrungskonkurrenten fürchten. Zerfressen von der Angst, jemand anders könnte ihnen das Beste wegnehmen, geben Buffetbesucher ihren Daumen und Zeigefingern eine Klammerfunktion, um die hoffnungslos überfrachteten Schichtwerke auf ihren Tellern zum Tisch zu balancieren. Eine fette Beute aus Speck und Spiegeleiern, Schinken, Oliven, Lachs. Das meiste bleibt am Ende natürlich liegen. An derlei Frühstück sind Spanier beim besten Willen nicht gewöhnt.

Apropos spanische Büffets. Sympathisch ist mir in einer Region wie Katalonien der Einrieb roher Tomatenhälften auf ein Baguettestück, begleitet von etwas Olivenöl und Salz; ersatzweise kommt ein Schüsselchen mit Tomatenpüree auf den Tisch. Ein landesweites Rätsel hingegen geben mir die gekochten Eier auf. Keine frischen weichen, sondern steinharte, eiskalt aus dem Kühlschrank, meist mit perligem, glitzerndem Wasserüberzug auf der Schale. Unerklärlich sind mir auch die henkellosen Gläser geblieben, in denen in Cafés in Madrid und auf dem Land gerne glühend heißer Kaffee bis fast an den Rand hinauf serviert wird. Die Behältnisse erfordern entweder den Einsatz von Skihandschuhen, die ich bei derlei Gelegenheiten vergleichsweise selten bei mir habe, oder lassen sich erst nach längerer Zeit des Temperaturverlustes verbrennungsfrei anfassen. Dafür gab es letzte Woche in einem Hotel in León den Milchkaffee aus der doppelbehenkelten Suppentasse, die ich sogleich fotografierte und wirklich praktisch fand: endlich das ideale Morgengefäß für Rechts-, Links- und Beidhänder!

Milchkaffee aus der Suppentasse, praktisch für Rechts- und Linkshänder, serviert in einem Hotel in León.

**P.S. #1** Nach der Erstveröffentlichung in der Selbstversuch-Kolumne und bei Spiegel Online brach ein Tsunami an Kommentaren herein, als habe der zu Textbeginn erwähnte Radiomoderator einen neuerlichen Aufruf zu den Frühstücksgewohnheiten unter Spaniern gestartet. Aufgebrachte Stimmen brachten salzige Morgenkost ins Spiel (*tostada* mit Olivenöl; Málaga) und sprachen sich mit Blick auf das vom Autor mehrfach beobachtete Hotelbuffetverhalten gegen die Gleichstellung von Spaniern mit »Russen in der Türkei« aus. Hinzu kamen flammende Plädoyers für den einzig wahren, den spanischen Kaffee – im Vergleich zur schwarz gefärbten Brühe aus Deutschland, wie es hieß.

Mein besonderer Dank gilt der Zuschrift, die unter den Vorzeichen spanischer Frühstückskultur (!) analysierte, ich habe die falsche Frau geheiratet. Eine geldwerte Ferndiagnose, die eine aufwändige Analyse beim Paartherapeuten erspart ...

**P.S. #2** Diesem Beitrag ist zwischenzeitlich auch der zweifelhafte Ruhm zuteil geworden, im Mittagsmagazin des Fernsehsenders *Intereconomía* ausdiskutiert worden zu sein. Der böse Tenor der Männergesprächsrunde lautete: Wie konnte ein Auswärtiger den Spaniern in ihrem Land der gesunden Mittelmeerdiät nur das kaum vorhandene – und wenn: befremdliche, süß bis fettige – Frühstückswesen vorhalten! Am Ende gab ein Diskussionsteilnehmer zu, meist gar nicht zu frühstücken, »und wenn, nur einen kleinen Kaffee auf die Schnelle, und den noch kalt«, während vom Moderator zu erfahren war, dass er morgens mehrmals pro Woche *Churros & Co.* zu sich nahm. Außerdem zerfleischten die Teilnehmer des Autors Position gegen das Tomatenweißbrot, wobei er gerade dieses lobend hervorgehoben hatte, was wiederum den Rückschluss zuließ: Den Beitrag hatte ohnehin niemand gelesen.

# Ein heißer Tanz

*Der ganz normale Wahnsinn
in der Johannisnacht – mein
Besuch bei den »Feuerläufern«
von San Pedro Manrique.*

Enrique, 39, Familienvater, selbstständig, wird in dieser Nacht zum neunzehnten Mal barfuß über die Glut laufen. Ein langer, kerniger, früh ergrauter Naturtyp, für den der Wahnsinn später ganz normal ist. Einer, der unter Beweis stellt, was ein Mensch aushalten kann, wenn er nur will. Einer, der die lokale Gottesmutter und Jungfrau *Virgen de la Peña* vorsorglich um Schutz bitten wird. Als einziger guter Grund für sein Vorhaben fällt ihm ein: »Weil ich *Sanpedrano* bin.« Einer aus San Pedro.

Genauer: aus San Pedro Manrique, einem 600-Seelen-Ort im spanischen Abseits. Ein einsames Fleckchen Erde auf der Hochebene von Kastilien-León, durchzogen von schmalen Gassen und ziegelgedeckten Bruchsteinhäusern, überragt von Burgruinen, umgeben von sachten Hügeln, Schweinezuchtbetrieben. In der Nähe leiten Schilder zu versteinerten Dinosaurierspuren, die Provinzhauptstadt Soria liegt vierzig Kilometer entfernt. Kaum jemand würde sich hierher verirren, wäre da nicht diese Fiesta, die bis Ende des Monats dauert und gleich zu Beginn durch ein Ritual gekrönt wird, das es sonst nirgendwo in Spanien gibt: den »Feuergang«, *Paso del Fuego*, in der Johannisnacht auf den 24. Juni.

Eigentlich ein geruhsamer Ort in der spanischen Provinz Soria, doch in der Johannisnacht bricht es aus den Bewohnern von San Pedro Manrique heraus.

Vor der Johannisnacht steht eine Prozession durch San Pedro Manrique an; das Petrusbildnis wird dann von Frauen getragen.

Ich bin früh angekommen in San Pedro Manrique, rechtzeitig zur Prozession, die im Abendlicht vom Marienkirchlein im Oberdorf zur Kapelle im Unterdorf führt. Vorneweg haben Frauen einen Aufbau mit der Skulptur des heiligen Petrus geschultert, dahinter folgen die Männer mit dem Bildnis der *Virgen de la Peña*, der »Jungfrau vom Fels«, die nun ihre Sommerresidenz bezieht. Die dafür vorgesehene Kapelle Humilladero liegt gleich neben dem Altenheim. Für die Prozession hat sich jeder landfein gemacht, die Dorfkapelle spielt dazu und langt bei manchem Ton daneben.

Straßen und Rathausplatz sind mit Plastikfähnchen geschmückt, der Aushang vor der Kneipe *Los Alemanes* besagt: »Würstchen ab ein Uhr«. Nachts, wohlgemerkt.

Ein steiler Aufgang führt zum *Recinto Paso del Fuego*, dem »Feuerlauf-Areal«, das direkt an den Sakralbau *Virgen de la Peña* grenzt. Das Freiluftrechteck fasst dreitausend Schaulustige, vor der mitternächtlichen *Showtime* werden die Steintribünen bis auf den letzten Winkel besetzt sein. In der Mitte ist ein Stoß aus zwei Tonnen Eichenholz aufgeschichtet, im Winter geschlagen, bis jetzt getrocknet. Tief unten im Stapel steckt verdorrtes Buschwerk, das wirken wird wie Zunder.

Es ist kurz vor 21 Uhr, als einige Männer den Scheiterhaufen mit Zeitungspapier in Brand stecken. »Alles muss gut und gleichmäßig runterbrennen, den Untergrund haben wir vorher gekehrt«, erklärt mir Domingo, Mitglied des Feuerteams. Sollte ein Steinchen, Glassplitter oder Metallstück übersehen worden sein, könne es später zu Brandwunden kommen. Ansonsten trage niemand Schäden davon, hat mir Feuerläufer Enrique versichert und hinzugesetzt: »Der Erste, der überrascht ist, dass nichts passiert, bin ich selber, das kannst du mir glauben.« Nur in einem Jahr habe es ein paar Brandbläschen an seinen Füßen gegeben. »Kaum der Rede wert«, so Enrique.

Der vorbereitete Holzstoß, aus dem später Glut werden soll.

Auch Diego, 35, der in diesem Jahr zum Organisationsstab gehört und bereits fünfmal gelaufen ist, hat laut eigener Aussage alles unbeschadet überstanden. Auf die Frage nach dem *Survival*-Rezept für sein Gehwerkzeug antwortet er: »Man muss nur im Kopf vorbereitet sein, nicht körperlich.« Angst? »Nein, einfach los, aber ohne Eile, mit festen, gleichmäßigen Schritten.« Derlei Stampftechnik soll die entscheidenden Augenblicke lang die Zufuhr an Sauerstoff unterbinden, die der Verbrennungsvorgang benötigt.

Was nicht dahinter steckt, ist ein Materialtrick, wie der niederbrennende Stapel zeigt. Flammen und Hitzeentwicklung sind immens und vertreiben Besucher, die in den ersten Reihen Platz genommen haben, in den Oberbereich der Tribünen. Funken stieben umher und fliegen ins Publikum, später spüre ich auf Haut und Haaren eine Panierschicht aus Ascheteilchen. Internationale Brandschutzvorschriften scheinen außer Kraft gesetzt, kein Feuerwehrmann steht in Bereitschaft, der Rest der Welt ist weit weg in der Johannisnacht von San Pedro Manrique.

Gegen halb elf ist der Holzstapel in sich zusammengesackt, jetzt beginnt das Feuerteam allmählich mit der Bereitung der *alfombra*, des »Teppichs« aus Glut. »So kompakt wie möglich«, erklärt mir Rafael, der einen übermannshohen Stab in der Hand hält und die größeren Holzkohleteile zerpeitscht und verteilt. Etwa drei Meter lang, knapp handspannenhoch, vielleicht fünfzehn Zentimeter, perfekt geglättet – so sieht der fertige Teppich schließlich aus, vor dessen Langsenden kurz vor Beginn des Spektakels

Säcke mit kühlender Erde gekippt werden.

Der Holzstoß ist entzündet.

»Jeder, der durch das Feuer geht, hat seine eigene Geschichte dahinter, das kann ein Versprechen sein. Oder weil es einfach Tradition ist«, sagt Rafael und säubert seine Brille von Asche. Wie lange diese Tradition zurückreicht, für die jeder in San Pedro Manrique Feuer und Flamme ist, vermag niemand genau zu sagen. Fest steht, dass einzig den Dörflern der Ritus vorbehalten bleibt, durch die Glut zu gehen. Ausgeklammert bleiben Zugezogene und Leute von auswärts, was mich automatisch davor bewahrt, meinen *Selbstversuch Spanien* in einer Spezialklinik für Brandverletzungen weiterzuschreiben. Nur ihnen, den *Sanpedranos*, wohnt dem hiesigen Verständnis nach die Gabe inne, in der Johannisnacht unbeschadet das Feuer zu passieren. Will man dem

Der Holzstoß brennt immer weiter herunter, die Tribünen des Feuerlaufen-Areals von San Pedro Manrique füllen sich immer mehr.

Ganzen einen tieferen Sinn geben, der über glühenden Lokalpatriotismus, Gelübde und Mutprobe hinaus geht, kommt man nicht an der symbolischen Purifizierung des Menschen und der Abwehr böser Kräfte vorbei, die mit dem weit verbreiteten Brauchtum der Johannisfeuer und Sommersonnenwendfeiern einhergehen.

Kurz vor Mitternacht.

Es ist fast soweit, der Himmel düster, die Stimmung gespenstisch, magisch. »Wie soll da ein Mensch durchgehen, selbst wenn er Hornhaut hat wie ein Quechua in den Anden?«, frage ich mich mit Blick auf das Glutmeer, das vor mir wabert und zuckt.

Tribünen und Innenraum sind zum Bersten gefüllt, Fernsehteams aller wichtigen spanischen Sender zugegen und viele Kinder sowieso. Seit dieser Woche sind Sommerferien. Applaus brandet auf, als die Freundeskreise, *peñas*, die Autoritäten und die Festdamen, *móndidas*, in die Arena einziehen. Derweil entledigen sich die Läufer ihrer Schuhe, krempeln die Hosenbeine hoch und formieren sich unter Kapellenklängen zu einem archaischen Reigentanz rund um den Teppich. Letzte Gelegenheit,

Die Glut, sie glüht in der Tat.

sich gegenseitig Mut zu machen, in Autosuggestion zu verfallen, Atmung und Schrittfolge noch einmal durchzuspielen. Oder ganz zurückzustecken – doch das tut niemand.

Zehn nach zwölf.

Ein spitzes Horn ertönt, das Startsignal. Der erste Läufer, ein älterer, etwas bullig, steht bereit. Angespannt, konzentriert. Er nimmt eine der

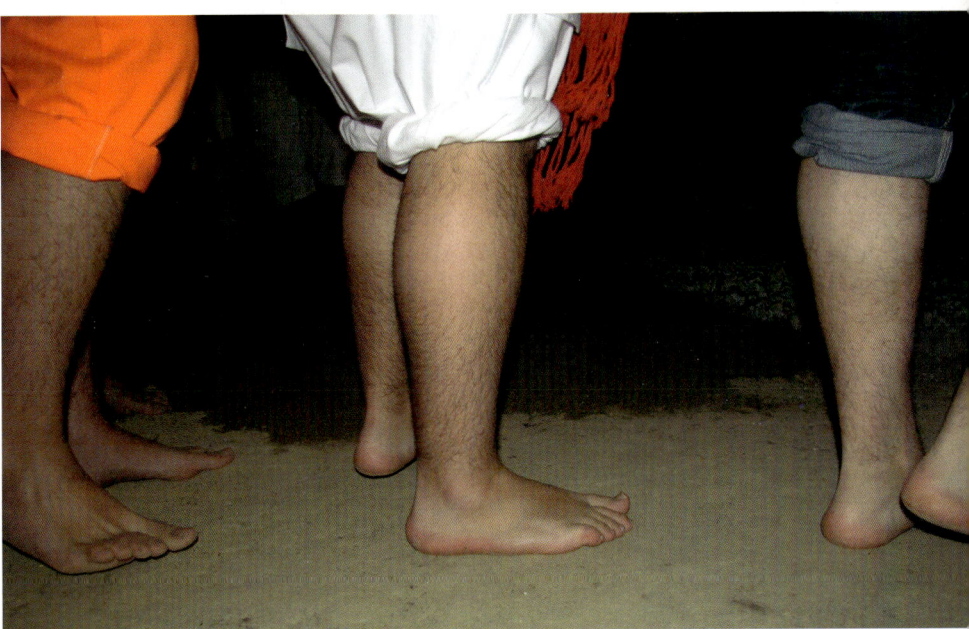

Die Füße der Feuerläufer – ganz normal, nichts ist präpariert.

Glutläufer von San Pedro Manrique

drei feschen *móndidas* huckepack, schließt kurz die Augen, dann geht er
zielstrebig los. Barfuß über den Teppich aus Glut. Ein Ritual ohne Netz
und doppelten Boden. Sechs, sieben, acht Schritte. Das Publikum zählt
lauthals mit, Fotografen streuen Blitzlichtgewitter, der letzte Schritt geht
im Jubel unter, seine Miene hellt sich auf. Glückwünsche, Küsse, Umar-
mungen erwarten den Läufer. Dann geht es Schlag auf Schlag, jeweils an-
gekündigt mit Fanfare. Der Pfarrer steckt nicht zurück, auch der Bürgermeister nicht.

   Fast jeder trägt irgendwen durch das Feuer, die Partnerin, den Sohn, die
kleine Tochter, bei Enrique ist es in dieser Nacht eine Cousine.

   Die zwei Frauen, die heute erstmals die Glut überwinden, kommen allein. Sie werden besonders angefeuert (nie hat der Ausdruck besser ge-
passt!), ebenso wie ein junger Mann, der den Schmerz kaum verbergen
kann.

Sein Gesicht verkrampft sich, es riecht – ich sitze kaum zwei Meter entfernt in der ersten Reihe – nach versengter Haut, aber nicht nur bei ihm. Der Geruch relativiert den Glauben an Wunderkräfte und ruft mir einen Hautarzt ins Gedächtnis, der mir einst Warzen mit einer Art Brennstab auslöschte. Eine auf ewig eingebrannte Erinnerung aus einer Kindheit in Deutschland.

Nach jedem Feuerlauf verschwinden die Fußabdrücke, die Helfer glätten die Fläche aufs Neue mit Stöcken. Wer genau den *Paso del Fuego* wagt, steht vorher nicht fest. Heute sind es knapp zwanzig Mutige, ein guter Durchschnittswert.

Um viertel vor eins ist das Schauspiel vorbei.

Die Dorfkapelle spielt wieder auf, das Volk wälzt sich aus der Arena. Der Sanitätsdienst, der draußen wartet, hat eine ruhige Schicht verlebt – doch die Nacht ist noch lange nicht zu Ende. Im *Los Alemanes* gibt es gleich Würstchen und auf dem Hauptplatz Bierausschank, vor den Rathausarkaden bereitet sich eine Band auf den Auftritt vor. Musik und Tanz bis halb fünf – und in San Pedro Manrique ein gutes Jahr Zeit, um dem nächsten *Paso del Fuego* so richtig entgegenzubrennen.

# Schlacht des Weins

*Durchtränkt zurück von der* Batalla del Vino
*bei Haro in der Rioja – hier sind keine Fetzen,*
*hier sind zehntausende Liter Rebsaft geflogen.*
*Bis zum letzten Tropfen Munition.*

Für Elena, 7, war die »Kinderweinschlacht« zwei Fiestatage zuvor eigentlich Kinderkram. Da wird immer nur Most gespritzt, da fehlen die stattlichen Kaliber. Seit letztem Jahr kommt sie mit zu den Großen – und hat Höllenspaß dabei, so wie jeder, der sich mit Leib und Seele in die *Batalla del Vino* stürzt, die »Schlacht des Weins«, ein Massenexzess alljährlich am 29. Juni bei Haro in der Rioja.

»Meine« *Cuadrilla* hat den Tetrapak-Wein schon umgefüllt.

Fazit: Ich bin mittendrin gewesen. Ich bin intensiv durchtränkt worden. Ich habe nie so ausgesehen, nie so gerochen. Kleidung und Schuhe sind entsorgt. Ein Rückblick auf die Chronologie der Ereignisse.

Über drei Kontaktecken haben mich Elenas Vater Javi und seine *Cuadrilla*, ein verschworener Kreis aus Familie und Freunden, für den Tag des Spektakels adoptiert. Für spanische Verhältnisse geht es gnadenlos früh um sieben Uhr los, was sich dadurch erklärt, dass man im Normalfall nicht aufsteht, sondern die Nacht durchgefeiert hat. Javi ist pünktlich am Hotel, über die Sitze seines Kleintransporters hat er Folie gespannt. Er weiß, wie alles enden wird. Ich weiß es noch nicht.

Bestens präpariert mit *Sulfatadoras* auf dem Rücken.

Erster Halt ist eine Finca am Stadtrand von Haro, um die *Cuadrilla* und das Wichtigste für die Schlacht an Bord zu nehmen: den Rotwein. Welche Menge, entscheidet jeder selbst. Anhaltspunkt: soviel man hat auftreiben können und später schleppen will. Meine künftigen Begleiter haben den Vorrat bereits aus Tetrapaks in lederne Weinbeutel umgefüllt, in eine Wassermaschinenpistole für Elena und mehrere *Sulfatadoras*, unterschiedlich große Plastikkanister mit Pumpenfunktion, die in Gärten und in der Landwirtschaft in der Regel für andere Zwecke Verwendung finden ...

Als Carlos und der Rest der *Cuadrilla* zusteigt, füllt sich unser Gefährt erheblich mit Alkoholaroma, auf der Fahrt pustet Carlos seine Fahne in eine Vuvuzela, die er aus dem offenen Fenster hält. Gegen halb acht sind wir inmitten einer Karawane aus Autos, Fußgängern und Traktoren mit Anhängern unterwegs zu den Riscos de Bilibio, einem Felsmassiv wenige Kilometer außerhalb von Haro, der Stätte des Geschehens. Im Wageninnern kreist eine Weinflasche, das Sträßchen zieht sich in Kurven durch Rebgärten. An der Seite schiebt ein Trupp Jugendliche Einkaufswagen mit eigenen Weinbergen aus Plastikbehältern voran.

Endstation ist ein Großparkplatz zu Füßen der Riscos de Bilibio, ein kurzes Wegstück aufwärts liegt das traditionelle Weinschlachtfeld zwischen Abhang, Bäumen und Grünflächen. Die Fiestatracht aller – ganz in Weiß – eignet sich bestens, um am Ende die Kampfesspuren zu zeigen. Ich streife ein weißes, brandneues T-Shirt über, das Oscar mir, dem Schlachtengreenhorn, geschenkt hat. Noelia hängt mir meine Waffe in Form eines bis zum Anschlag gefüllten Weinbeutels um den Hals. Überall laufen letzte Vorbereitungen. Ich sehe Leute, die neben den Autos Schuhe gegen Badeschlappen tauschen, Chlorbrillen aufsetzen, Taucherbrillen. Mein Rundgang bringt mich mit Judit zusammen, die gerade dabei ist, sich Latexhandschuhe überzustreifen: »Wegen der Fingernägel, ich heirate nächste Woche.« Glückwunsch. Auf die Weinschlacht will sie nicht verzichten.

Es ist bewölkt und frisch an diesem Morgen, zwölf Grad. Rundherum werden *Sulfatadoras* auf den Rücken geschnallt, Javi testet seine Pumpe mit einem festen Weinstrahl auf meine Knöchel und lacht sich halbtot. Das Zeug läuft mir sofort in die Schuhe.

Carlos, der Wohlbeleibte, der mittlerweile einen Plüschzylinder trägt und der Gefahr der Ausnüchterung mit einer neuerlichen Flasche vorbeugt, will mich unbedingt nach ganz oben zur Bergkapelle Felices begleiten. Im Rahmen des Festprogramms beginnt dort um viertel vor neun eine Messe zu Ehren des Schutzpatrons von Haro, San Felices de Bilibio, ein Einsiedler, der im 5./6. Jahrhundert gelebt haben soll. Erst nach der Messe wird die *Batalla del Vino* offiziell eröffnet, doch die Praxis zeigt, dass nur ein Bruchteil der Teilnehmer Heiliges im Sinn hat, und die Mehrheit solange nicht warten kann.

Die kritische Stelle mit dem inoffiziellen Empfangskomitee; an der Seite fließt der Rotwein wie ein Gebirgsbach abwärts.

Versorgungsstation bei Carlos, Trinken statt Spritzen

Am Aufgang zur Kapelle steht ein vielköpfiges, inoffizielles Empfangskomitee, präpariert mit Kübeln und Plastikbechern in XL-Format. Ich passiere die fließende Grenze, habe meine Kameratasche vorsorglich in zwei Einkaufstüten gepackt. Über meinen Schultern und Haaren schlagen Wellen zusammen, der Wein brennt in den Augen. Das nächste Mal: Taucherbrille! An der Seite plätschert ein Bach nach unten, so wie nach einem Wolkenbruch, nur in Rot und dass kein Regen niedergegangen ist.

Ein steiler Nebenweg führt zur Kapelle, in die es kaum jemand trocken geschafft hat. Während der Messe hält sich der Weingeruch der Anwesenden wie unter einer Käseglocke zwischen den Steinmauern. Warm, herb, narkotisierend. Jeder dünstet aus, so gut er kann.

Nach Ende der Messe wälzt sich der Strom der Gläubigen über den Hauptpfad abwärts. Ein Fernsehteam von »Popular TV« – der Kameramann und die Reporterin, beide in Regenponchos – hält mir ein bespritztes Mikrofon entgegen. Was ich als Auswärtiger von der Fiesta halte? Wahnsinn. In jederlei Hinsicht. Im Gegenzug dokumentiere ich ihren journalistischen Härtetest mit einem Foto.

Unterwegs verschont Carlos ein englischsprachiges Pärchen vor seinem Strahl aus der *Sulfatadora* und versorgt sie stattdessen mit einem Schluck aus der Pumpe.

»Guter Wein«, macht er Glauben und lacht mir heimlich zu.

Alles Tetrapak-Qualität. Diesen Kopfschmerz möchte ich nicht teilen.

Am Ende des Pfads spielt eine Kapelle. Nicht schön, aber laut. Die Schlacht ist bereits in vollem Gange.

Gerade bin ich vom *Popular TV* interviewt worden – die Weinschlacht ist ein journalistischer Härtetest.

»5.000 Teilnehmer, 50.000 Liter Wein«, wird es in den Mittagsnachrichten heißen – doch wer mag das so richtig beurteilen? Gleiches gilt für den Urgrund der *Batalla del Vino*, über den verschiedene Geschichten kursieren. Eine Theorie führt einen Territorialstreit zwischen Haro und

Szenen einer Weinschlacht – jeder ist bereits durchtränkt.

der Nachbargemeinde Miranda de Ebro ins Feld, eine andere sieht ein nicht ganz ernst gemeintes Weingeplänkel, das im Anschluss an eine Wallfahrt zur Kapelle des heiligen Felices ausgebrochen sein soll. Wann genau all dies den jetzigen Schlachtcharakter annahm – vielleicht schon vor Beginn des 20. Jahrhunderts – lassen die Quellen offen.

Wichtiger ist, dass das Spektakel wüst und ungezügelt, aber respektvoll und friedlich abläuft. Inmitten der überströmenden Freude gibt es keine Feinde, keine Regeln, keine Kampfstrategie. Die einzige Vorgabe lautet: jeder gegen jeden. Aus Eimern, Kanistern, Plastikpistolen. Beschießen, bespritzen, begießen,

Szenen einer Weinschlacht II – die kleine Elena in Aktion.

den anderen kübelweise mit Wein überschütten, alles ist erlaubt. Auf eine weitaus größere Reichweite kommen die Scharfschützen mit ihren *Sul-*

Die Weinschlacht, ein Exzess – bis die Tangas durchschimmern ...

*fatadoras* im Anschlag. Das Ganze dauert, bis gegen halb elf der letzte Tropfen Munition verpulvert ist, sich Staub- in Schlammflächen verwandelt haben, Grünflächen in Weinlachen. An einer Stelle ist ein richtiger See entstanden, mein Depot aus dem Lederbeutel leer. Die Aura ist überall umwerfend, der Übergang von der Schlacht zur Rast kommt fließend. Etwas abseits werden Feuer im offenen Gelände entzündet und mit Grillrosten belegt, im Vorübergehen schenkt mir irgendwer ein Brot mit köstlichem Fleisch. Frühstückszeit. Auf dem Großparkplatz legen wir die sattsam durchtränkten Shirts zum

Am Ende steht man am Weinsee ...

Trocknen aus, Trophäen mit Farbnuancen zwischen Lila und Rosa. Irgendwann steigen wir mit nassen Hosen und Schuhen in den Transporter, die Folie auf den Sitzen erfüllt ihren Zweck.

Am späten Vormittag, auf der Finca am Stadtrand von Haro, finde ich mich im Kreise von Javis Familie und Freunden an einer langen Tafel wieder. Unter offenherzigen Menschen, die ich bis heute nicht kannte. Menschen von fast beschämender Gastfreundschaft. Mit einem Holzstäbchen pikse ich, genau wie Elena, gekochte Schnecken aus den Gehäusen und betrachte fasziniert die Schleimfäden, die sie ganz am Ende ziehen und die mit in den Mund wandern. Ich vertraue der Kraft meiner Magensäure, tunke Brot in Tomatensoße, bin rundum zufrieden.

Dies, genau dies ist noch immer das gute alte Spanien, das ich einst kennen- und liebengelernt hatte! Und das liegt nicht nur am kräftigen Landwein, der ständig nachgeschenkt wird.

# Typologie einer Fiesta

*Abfeiern bis zum Delirium, der Rest ist Ohnmacht –*
*im spanischen Festrausch ist normal, dass nichts normal ist.*
*So wie gerade in Pamplona.*

»Liebe Mitbürgerinnen und Mitbürger, leider werden wir die Ausufe-rungen während der anstehenden *Fiesta de San Fermín* vom 6. bis 14. Juli wie jedes Jahr nicht unter Kontrolle haben und rechnen mit einer Vielzahl an Beteiligten, die sich selbst in Alkohol einlegen und nicht mehr Herr / Frau ihrer Sinne sind. Daher sehen wir uns gezwungen, die vor einigen Wochen aufgestellten Einwurfkästen für die pneumatische Abfallentsorgung wieder abzubauen und durch die vordem gewohnten Müll-

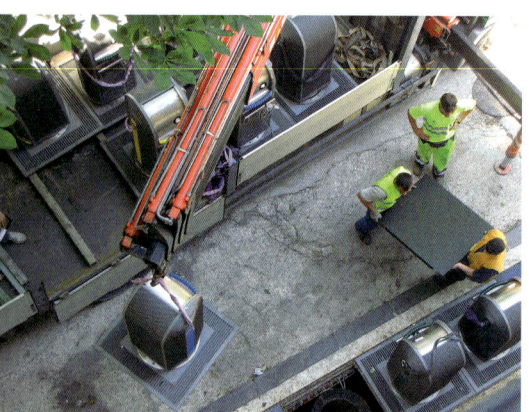

container zu ersetzen. Ab 15. Juli kommen die Einwurfkästen wieder an ihren Platz zurück. Dieses Schreiben ist kein Witz. Mit freundlichen Grüßen, Ihre Stadt Pamplona.«

Nun, die Hauswurfsendung des Rathauses, die jeden Bewohner erreichte, habe ich nicht im exakten Wortlaut zitiert, doch genauso war sie gemeint. Eine Fiesta wie diese, die keine Eintagsfliege ist wie ein landläufiger Karnevalssonntag, sondern 204 Stunden am Stück anhält, setzt alles außer Kraft und verlangt vereinzelt nach Notstandsregeln. Der Rest ist Ohnmacht.

Spanische Volksfeste sind Kapitel aus dem Nebenprogramm des Lebens. Normal ist, dass nichts normal ist. So wie gerade vor meiner Haustür im internationalen Freudenhaus Pamplona, wo allei-ne im Epizentrum Altstadt täglich

Wurden für die Fiesta de San Fermín in Pamplona komplett abge-baut: die Einwurfkästen für die pneumatische Abfallentsorgung.

die zehnfache Menge an Abfall anfällt (160 Tonnen!), die Blumenbeete in Parks mit übermannshohen Gittern vor Schläfern und Absonderern von Fäkalien geschützt sind und Parkscheinautomaten durch Metallvorrichtungen dauerhaft unter Verschluss stehen. Die Politessen haben Betriebsferien, was weniger als Dienst am Fiestabesucher als vielmehr als Kapitulation vor Arbeitsüberlastung zu interpretieren ist.

Fiestas folgen stets ihrer Eigendynamik, ein Stück Anarchie mischt sich hinein in Festrausch und Pegelstand. Unlängst bei der Weinschlacht von Haro in der Rioja loderten im Wald und auf dem Großparkplatz zwischen den Autos Feuer im trockenen Gras. Dass kein Flächenbrand ausbrach, grenzte an ein Wunder. Bei der Rückfahrt nahm mein Begleiter Javi am Steuer kräftige Schlucke aus der Weinflasche und erläuterte, dass die Polizisten, die vereinzelt an der Strecke standen und den Verkehr regelten, am Tag der Schlacht niemanden kontrollieren würden. Er hatte Recht. Die Beamten wollten keine Spielverderber sein.

»Das, was so passierte, konnte nur während einer Fiesta passieren. Schließlich wurde alles ganz unwirklich, und es schien, als ob nichts während der Fiesta irgendwelche Folgen haben könne«, schrieb Ernest Hemingway 1926 in seinem *Fiesta*-Roman, der auf Recherchen in Pamplona basierte. Hemingways Analyse hat bis heute Gültigkeit, wobei der Schein, dass in Partylaune nichts passieren könne, natürlich trügt. Da reicht bereits ein Blick auf die Anzahl der Verletzten während des 850 Meter langen *Encierro*, des legendären Stiertreibens durch die Altstadt von Pamplona.

Morgen für Morgen stellen ein paar tausend Läufer ihren promillegestärkten Machomut sechs Kampfstieren entgegen und hoffen, dass sie heil davonkommen. Wer in dieser Form seinen Verstand ausschaltet und vor messerscharfen Stierhörnern davonsprintet, läuft Gefahr, auf ewig die Manneskraft einzubüßen, Arme, Gesäß, Beine und Bauchdecke perforiert zu bekommen. Massenhaft aufgeschürfte Haut, geprellte Rippen und verstauchte Knöchel zählen üblicherweise zu den Begleiterscheinungen. Gelegentlich endet der Adrenalinstoß im Blutstrom und im Hospital von Navarra, manch einer löst bei der Stierhatz durch Pamplona sein Ticket in die ewigen Jagdgründe. Einmal einfach, bitte.

Fiestavarianten anderer Art geben Gelegenheit, in die Riege der Rollifahrer einzuziehen. So wie vor Jahren, als Nacktsprünge von der Spitze eines Altstadtbrunnens in Mode waren und ein Mutiger den Armen seiner Kumpel entgegensegelte – doch die waren im entscheidenden Moment nicht auffangbereit. Da immer nur andere Schuld haben, machte sich

der Querschnittgelähmte später ernsthaft daran, statt sein Hirn die Stadt

Pamplona zu verklagen, die den Brunnensprung zugelassen hatte ...

Heutzutage sind am Eröffnungstag der Fiesta auf dem Rathausplatz von Pamplona Glasflaschen untersagt, um zumindest die Vielzahl der Schnittverletzungen einzudämmen. Ansonsten werden nach Ende der Stiertreiben jeden Morgen *Vaquillas*, temperamentgeladene Jungrinder mit entschärften Hörnern, zur Volksgaudi auf die Läufer in der Arena losgelassen, abends steigt selbstverständlich der leidige Stierkampf, zu dem ich nie gehe, aber stets dem Stier die Daumen halte. Blut fließt so oder so. Des Nachts übertreffen Konzerte die üblichen Dezibelvorgaben um Längen, begleitet von Massenbesäufnissen, die Körperfunktionen in jedwede Richtungen anstacheln. Dass und wie alles fernab von Dixi-Klos raus muss, entgeht mir unter den Fenstern weder akustisch noch geruchlich.

Das einzige Gesetz, das inmitten der weitgehend gesetzlosen Räume der Fiesta dauerhaft Gültigkeit hat, ist das Gesetz der Schwerkraft. Irgendwann und irgendwo schlägt es die Teilnehmer in ihrem Delirium nieder.

Beliebt als Volksgaudi in Arenen: *Vaquillas* loszulassen, temperamentvolle Jungrinder mit entschärften Hörnern. Dann heißt es an den Banden: Rette sich, wer kann! Das Tier kommt danach unversehrt zurück in die Stallungen. Gelegentlich treten bei den *Vaquillas* Kunstspringer akrobatisch in Aktion.

P.S. #1 *Fiestanachschlag 1:* Statt eines Segelns vom Brunnen hat eine junge, bezechte Spanierin unter Beweis gestellt, dass nunmehr bereits der Sturz von einer Holzhürde, die in Pamplona die Stierlaufstrecke abgrenzen, für eine Querschnittlähmung ausreicht.

*Fiestanachschlag 2:* In einem Leserbrief an die Tageszeitung *Diario de Navarra* hat sich eine gewisse Nerea beschwert, dass inmitten des Treibens trotz mehrfacher Notrufe kein Krankenwagen zu ihr und ihrem landläufig gebrochenem Fuß vordringen wollte. Ihr Dank ging an drei kräftige Burschen, die sie in den Einkaufswagen eines Supermarktes hievten und mit ihr zum nächsten Gesundheitszentrum rumpelten. Ein Bild, das es sich – speziell bei der Anlieferung – plastisch vor Augen zu halten gilt ...

*Fiestanachschlag 3:* Herausragende Stimme bei den seitenlangen Zeitungsinterviews mit den Verletzten nach den Stiertreiben ist der Neuseeländer Brad gewesen, der im Krankenhaus gegenüber Journalisten angab: »Die spanische Stierkultur habe ich immer noch nicht verstanden.« Ja, Brad, das hat man gemerkt, aber vielleicht hilft dein gebrochener linker Arm, sie irgendwie besser zu verstehen.

P.S. #2 Wie schnell der Spaß übergangslos auf die Bahre bringt, hat zwischenzeitlich ein Fall im baskischen Hondarribia gezeigt. Dort erinnert alljährlich ein Festumzug, *Alarde*, an den erfolgreichen Widerstand der Bewohner gegen französische Belagerer im Jahre 1638. Als ein als Soldat verkleideter Teilnehmer beim Vorbeimarsch an den Häusern nunmehr fröhlich eine Gewehrsalve abfeuerte und er zu wenig oder zu viel Zielwasser getrunken hatte, traf er eine auf dem Balkon ihrer Wohnung stehende Zuschauerin in den Kopf. Nicht zu fassen, aber: a) Projektil scharf, b) Frau tot. Nebenbei sei ergänzt, dass Tage später die Webseite der *Alarde*-Organisation unverändert mit den Slogans »Mit Emotion« und »Mit Freude« aufmachte ...

# Vier Polizeien

*Wenn die rechte Hand nicht weiß,*
*was die linke tut – und das gleich doppelt.*

Ich bin mir nicht sicher und tippe »Duden online« ins System. Polizei, gibt es davon den Plural? Ja, es gibt ihn, obgleich er sich seltsam anhört: Polizeien. Wer in Spanien die nächste Dienststelle sucht, stößt zunächst auf die großen Drei. Lokalpolizei, Nationalpolizei und die Gendarmerie *Guardia Civil* – wer, bitte, darf es denn sein? Jede Einheit hat ihre eigenen Quartiere in derselben Stadt, ihre eigenen Uniformen, Autos und Verantwortungsträger, nicht selten einer träger als der andere. Um die polizeilichen Wirren zu komplettieren, tritt je nach Region als Zusatzkraft die Autonomiepolizei in Aktion, die im Baskenland *Ertzaintza*, in Navarra *Policía Foral* und in Katalonien *Mossos d'Esquadra* heißt. Vier Polizeien? Alles klar? Klar, dass die rechte Hand nicht weiß, was die linke tut. Und das, wenn man zwei und zwei zusammenzählt, gleich doppelt ...

Wer für was genau zuständig ist, wissen, so steht zu vermuten, im Einzelfall nicht einmal die Polizeien selber; alleine die Koordination der militärisch strukturierten *Guardia Civil* hängt von zwei Ministerien ab. Fest steht einzig, dass die Lokalpolizisten die *Softies* unter den Uniformträgern sind, die sich um kleinere Delikte aus Sektionen wie Diebstahl und Straßenverkehr kümmern. Zum Glück hilft die Mentalität ihrer Landsleute bei der Arbeitsersparnis. Rammt ein Spanier das parkende Auto eines anderen, möchte er niemanden weiter stören und fährt davon. Der Geschädigte nimmt den Schaden irgendwann zur Kenntnis und legt das Ganze schicksalsergeben ad acta, bevor ein Aktenvorgang eröffnet ist.

Eine selbstgewählte Art polizeilicher Arbeitsersparnis liegt dagegen darin, die Laufkundschaft abzuwiegeln, wie ein Leserbrief von Ismael P. an die Zeitung *El Diario Vasco* im baskischen San Sebastián beweist. Ismael gibt darin den Dialog mit einem Freund und Helfer auf dem Revier der Lokalpolizei wieder:

»Ich möchte schriftlich anzeigen, dass der aufgestellte Baukran vor unserem Haus eine potenzielle Gefahr für alle Eigentümer und Passanten darstellt. Außerdem bezweifele ich, dass er eine offizielle Erlaubnis hat.«

»Dies ist kein Grund für eine schriftliche Anzeige. Was die Frage nach der Erlaubnis anbetrifft, müssen Sie sich an die zuständige Stelle der Verwaltung wenden. Falls dort eine Erlaubnis erteilt worden ist, können wir nichts machen.«

»Mich interessiert keine Erlaubnis der Verwaltung, mich interessiert die akute Gefahr vor unserem Haus. Der Baukran sieht wackelig aus. Was ist, wenn er umkippt? Dies ist sehr wohl eine Sache der Lokalpolizei.«

»Aber dies haben Sie heute bereits telefonisch mitgeteilt.«

»Ja, aber ich möchte es schriftlich vornehmen, damit es schwarz auf weiß bestätigt ist.«

»Das ist leider nicht möglich. Ihr Anruf ist aufgezeichnet worden. Das reicht vollkommen aus.«

»Könnte ich einen Vorgesetzten von Ihnen sprechen?«

»Das müssen Sie schriftlich beantragen.«

Hier endet der Leserbrief, den ich sorgsam aufbewahrt habe. Ich weiß nicht, ob der arme Ismael genügend Energie aufgespart hatte, später sein Glück bei den Vertretungen von Nationalpolizei, Autonomiepolizei oder *Guardia Civil* zu versuchen.

Inmitten der Nebelbänke der Kompetenzen kommt es gelegentlich zu legendären Zusammenstößen der Polizeien untereinander, zum Beispiel, wenn Lokalpolizisten Dienstfahrzeugen von Politikern Strafzettel ausstellen, sofern die Autos nicht als solche gekennzeichnet und/oder auf dafür nicht bestimmten Parkplätzen abgestellt worden sind.

Basis der Handhabe der Lokalpolizisten sind die Gesetze, die die Politiker selbst beschlossen haben. Schutz und Bewachung der Dienstwagen fallen wiederum – nehmen wir als Beispiel die Autonome Gemeinschaft Navarra – in den Verantwortungsbereich der Autonomiepolizei. Hier hat das verbale Gerangel auf offener Straße schon Züge von *Open-air-Comedy* angenommen.

»Identifizier' dich sofort oder ich verhafte dich!«, schrie einmal ein Autonomiepolizist den Lokalpolizisten an, der dabei war, ein Protokoll wegen Falschparkens auszustellen.

Nicht nur diese Angelegenheit, die als massive Drohung interpretiert wurde, fand letztlich den Weg zum Gericht, sondern auch der Fall von drei Lokalpolizisten, die einmal einen nicht als solchen erkennbaren Dienstwagen der Regionalregierung mit einem Protokoll belegten – allerdings eigenmächtig außerhalb ihres Reviers und ohne dezidiert einen Vorgesetzten zu konsultieren.

Nachdem sie sich amtlicherseits selber bestraft sahen, und zwar mit neun Arbeitstagen Lohnentzug, bekamen sie erst über den langen Rechtsweg Recht, nichts Unrechtes getan zu haben.

Für Außenstehende reduziert sich die Qual der Wahl aus unterschiedlichsten Polizeien häufig auf die Qual. Gerne erklären sich die Diensthabenden in der nächsten Dienststelle für unzuständig und lassen die Verantwortung zum nächsten und vom nächsten zum übernächsten wandern, was wiederum nach Beharrlichkeit verlangt. Einmal gelang mir der Durchbruch erst an der vierten Station. Es waren die Bereitschaftsdienstler der Nationalpolizei, die sich letztlich meiner erbarmten und die Anzeige zu einer Fahrerflucht aufnahmen. Von jenem Tag hallt noch heute ein Gespräch in mir nach, in das zum Glück nicht ich, sondern der Wartende vor mir verstrickt war, ein Mann mit Gehbehinderung:

»Nein, da müssen Sie zur Lokalpolizei gehen.«

»Aber das ist ja auf der anderen Ende der Zitadelle!«

»Ja, aber dafür sind wir nicht zuständig.«

»Sind Sie nicht vernetzt?«

»Wie vernetzt?«

Alle außer den Lokalpolizisten nehmen sich der Härtefälle des Lebens an, stets bereit, die öffentliche Sicherheit mit Nachdruck zu verteidigen. In einem heroischen Akt streckten Nationalpolizisten unlängst einen sieben Zentner schweren Jungstier nieder, der aus dem Schlachthof in León ausgebrochen war. Und in Santiago de Compostela griff eine Streife der *Guardia Civil* einen Stadtverordneten der Volkspartei auf, der früh morgens mehrere Ampelphasen lang am Steuer seines Autos wartete. Bei laufendem Motor, sanft entschlummert, sturzbetrunken.

Um die besondere Gefahrenabwehr in Katalonien kümmern sich die *Mossos d'Esquadra* gerne mit Gummigeschossen, denen manch ausgelöschtes Augenlicht bei Siegesfeiern der Fußballanhänger des FC Barcelona zu danken ist; bei einer Gelegenheit hielt die Autonomiepolizei versehentlich den Pressechef der Lokalpolizei auf Distanz und verletzte ihn durch ein Projektil.

Was aber ist in Spanien mit Notfällen? Was, wenn ich als Tourist dringend Hilfe brauche? Wenn ich als Opfer eines Raubüberfalls mit einer klaffenden Wunde am Kopf zu Boden gegangen bin und inmitten des Blutstroms mit letzten Kräften zum Handy greife? Das Delikt des Diebstahls dürfte Sache der Lokalpolizei sein, doch der Akt der Gewalt eher ein Fall für die *Guardia Civil* ...?

Liebe Spanienkenner, liebe Reisende: Zermartern Sie sich in solchen Fällen nicht Ihr eingeschlagenes Hirn. Allen Uneinheitlichkeiten zum Trotz, ist die Notfallnummer landesweit einheitlich und alles plötzlich ganz einfach. Unter »112« dürfen Sie sich zwar niemanden der bis zu vier

Polizeien wünschen, aber unter derselben Nummer zudem den Notarzt anfordern. *Tranquilo*, ruhig, ganz entspannt. Irgendwer wird irgendwann kommen. Vorausgesetzt, man hat am Telefon Ihr Spanisch und Ihr Röcheln verstanden.

**P.S.** Kein Missverständnis lassen Waffenversteigerungen *(subastas de armas)* aufkommen, die in den Zuständigkeitsbereich der *Guardia Civil* fallen. Dort können sich künftige Attentäter und andere Personen legal und öffentlich eindecken, sofern sie für den »Gebrauch, Besitz oder Handel mit Waffen offiziell bevollmächtigt sind, was dokumentarisch verbürgt werden muss«, wie es auf Behördenspanisch heißt. Zuletzt stand in der Kommandantur in Murcia ein 300-teiliger Posten im Angebot, bestehend aus 227 Gewehren, 28 Karabinern, 24 Pistolen und 21 Revolvern. Einer Zeitungsnotiz zufolge handelte es sich teils um Stücke, die ihre Besitzer freiwillig abgegeben hatten, und andererseits um beschlagnahmte Feuerwaffen. Auktionen geben eine gute Gelegenheit, sie erneut in Umlauf zu bringen. Eine arbeitserhaltende Maßnahme der *Guardia Civil* – und ein netter *Shopping*-Tipp obendrein. Orte und Termine entnehmen Sie bitte der *Homepage* der Gendarmerie.

# Der spanische Patient

*Die Krankenversorgung krankt bedenklich.*
*Devise: Am besten nicht krank werden!*

»Ich war schon im Leibchen, halbnackt, dann haben sie mich nicht in den Operationssaal gelassen«, so Apolonio P., Anfang sechzig, gegenüber der Zeitung *El Mundo*. Statt des lange beantragten Schultereingriffs in einem Hospital in Valencia gab es eine kurze Erklärung: Leider war gerade kein Spezialgerät für die Anästhesie von Patienten mit Atemproblemen disponibel. Und selbst wenn der Apparat verfügbar gewesen wäre, hätte sich zu diesem Zeitpunkt kein Fachmann gefunden, der ihn hätte bedienen können, bekam Apolonio zu hören. Zum besseren Verständnis sei nachgeschickt, dass er nicht unangemeldet in der Klinik aufgetaucht war. Tags zuvor hatte er sein Bett bezogen und eineinhalb Jahre auf diesen Termin gewartet ...

»Am besten nicht krank werden!«, lautet seit jeher die Devise in Spanien. Der Hauptpatient ist das öffentliche Versorgungssystem, das an allen Ecken und Enden krankt und ständig vor dem Kollaps zu stehen scheint. Wartelisten, hoffnungslose Überlastung eines zu knappen Personals, mitunter Mangel an Motivation, ob in Krankenhäusern oder den zentralisierten Gesundheitszentren der Sozialversicherung. Derlei Dauer- ist der Normalzustand.

Verschärfend hinzu kommt die spanische Zahlungsmoral, um die es mentalitätsbedingt nicht zum Besten bestellt ist. Öffentlichen Krankenhäusern hängt die Schuldenlast wie ein Krebsgeschwür an, Bezahlungen von Rechnungen verschiebt man gerne auf das ewige Morgen – wogegen Lieferfirmen von medizinischem Material verständlicherweise rebellieren und manchen Nachschub einstellen. Was wiederum erklären mag, warum unlängst für die vorgesehene Operation einer Schwangeren in derselben Valencianer Klinik, in die sich Apolonio begeben hatte, ein Spezialfaden fehlte. Der Fall lag klar auf der Hand und zum Glück noch nicht auf dem Tisch: Was geöffnet werden sollte, musste auch wieder verschlossen werden. Wie das Problem nach zehnstündiger Verspätung des Eingriffbeginns letztlich gelöst wurde, entzieht sich meiner Kenntnis. Vielleicht hatte jemand aus Privatbeständen eine Rolle Paketkordel oder Zahnseide besorgt, die sich reißfest verwenden ließ.

Unter den Vorzeichen von medizinischem Improvisationsgeschick und *learning-by-doing* finde ich es bezeichnend, dass die heiligen Kosmas und

Erfolgreiche Verpflanzung durch Kosmas und Damian: das schwarze Bein ans weiße; Bocos-Retabel, um 1525, Dommuseum von Burgos.

Damian auch in Spanien weithin Verehrung genießen. Die Brüder – spanisch: *San Cosme y San Damián* –, die mutmaßlich aus dem Orient stammten und zu Römerzeiten lebten, fungieren als Schutzheilige der Ärzte, einige spanische Kirchen sind nach ihnen benannt. In Orten wie Covarrubias und Abarán feiert man ihnen zu Ehren Patronatsfeste Ende September, im Dommuseum von Burgos habe ich zuletzt ein besonders schönes Altargemälde ihres »Beinwunders« gesehen.

Die Überlieferung des Mirakels berichtet, dass Kosmas und Damian einmal eine Amputation vornahmen und – mangels Alternativen der Not gehorchend – das schwarze Bein eines Verstorbenen an den weißen Stumpf eines Lebenden setzten. Ohne Narkose, der Mann war eingenickt. Das in der Nacht angenähte Ersatzteil passte und hielt. Hätte man bei Apolonio in Valencia nicht einfach die Tiefschlafphase abwarten können ...?

Das Schwarze ans Weiße – ich fürchte, dass in spanischen Krankenhäusern jederzeit mit Vergleichbarem zu rechnen ist und empfand es als sonderbar, dass ich just am Tag meiner Bildbetrachtung in Burgos ins Stadtspital musste. Zu vorgerückter Stunde in die Notfallaufnahme, als Pflichtbegleiter einer Deutschen mit einer Beinverletzung! Der Knöchel war verknackst, sie hatte größte Mühe aufzutreten und weder von Spanien noch Spanisch die leiseste Ahnung.

»Geh' nur in die Notfallabteilung, wenn gerade Fußball läuft, am besten Real Madrid gegen Barcelona, dann ist es bei uns meistens leer«, so der immergültige Rat einer befreundeten Krankenschwester, Mariaje.

Leider lief an diesem Abend kein Fußball. Mein Rat an die Knöchelverknackste, im Hotelzimmer zu bleiben und einen Salbenverband anzulegen – das äußerste Resultat, was ich von einem Krankenhausbesuch erwartete –, blieb ungehört.

»Ins Spital!«

Ersetzt wurde im Stile von *San Cosme y San Damián* letztlich nichts, die Verweildauer in der Klinik lag jedoch bei mehreren Stunden. Nach Röntgenaufnahmen und ärztlichem Kurzcheck bedachte man den Knöchel mit einem Verband (ohne Salbe – da lag ich mit meiner Prognose daneben) und die Frau mit dem aufschlussreichen Hinweis, sich bis auf Weiteres zu schonen. Die lange Wartezeit gab mir gegen meinen Willen Gelegenheit, mich auf den aktuellen Stand der Dinge in einem spanischen Provinzkrankenhaus zu bringen. »Da sah es ja aus wie bei uns vor dreißig Jahren«, befand die Knöchelbehandelte später.

Das Umfeld war nichts für Genießer. Rollbetten an den Seiten des Gangs, gefüllt mit lebenden Toten, so schien es mir. Und Rollbetten in offenen, provisorischen Abstellzimmern, auf einer Matratze eine ältere Spanierin, die vor Schmerzen stöhnte. »*Ai, ai, ai*«, hallte es unablässig durch

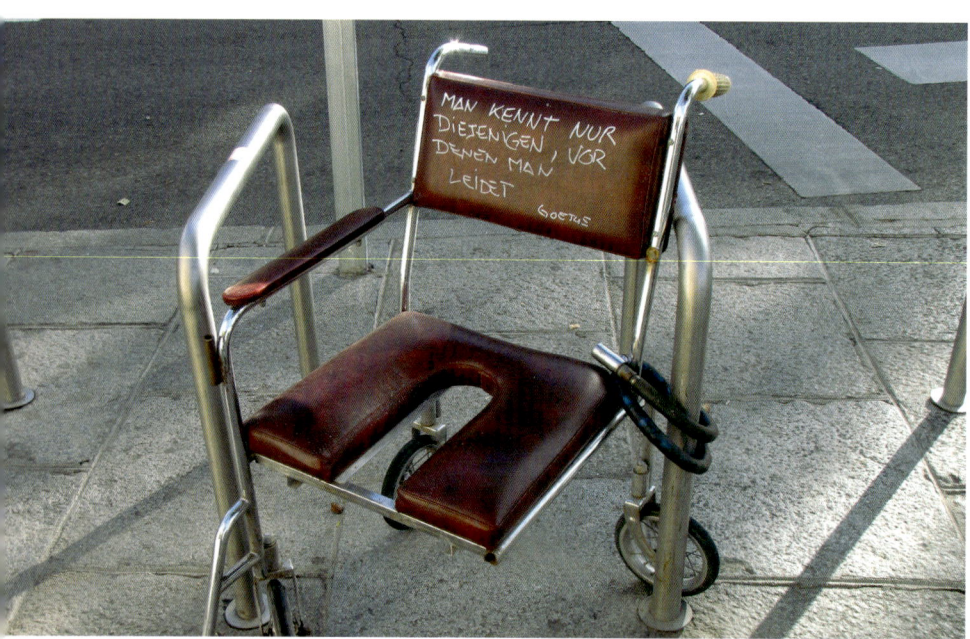

Das kommt einem Spanisch vor: ein angeketteter, verlassener Rollstuhl mit Goethe-Zitat im Zentrum von Madrid nahe der Basilika San Francisco el Grande.

den Raum. »Wir sind seit heute Mittag hier und warten immer noch auf den richtigen Arzt«, klärte ihr Mann die übrigen Anwesenden kurz vor Mitternacht auf, »sie hat mehrere Rippen gebrochen.«

Was aus der Leidensgeschichte Apolonios geworden ist, weiß ich nicht. Nach seiner Abweisung vor den Toren des Operationssaals der Valencianer Klinik wurde der Krankgeschriebene ungeheilt nach Hause entlassen: »In drei oder vier Monaten rufen sie mich wieder an, haben sie gesagt.«

Paradoxie des Schicksals: Eigentlich arbeitet Apolonio im selben Krankenhaus als Klempner. Bleibt zu hoffen, dass die Spitalrohre bis zu seiner Genesung halten.

**P.S.** Zwischenzeitlich hat mich selbst ein chirurgischer Einschnitt ereilt. Für den Tagesaufenthalt galt es einzig, Bademantel und Hausschuhe mitzubringen und weder Tupfer noch Operationsbesteck, wie es mir vereinzelt aus Krankenhäusern in Lateinamerika zugetragen wurde. Auf dem Weg zum OP schob der Pfleger mein Bett am Eingang der Pathologie vorbei, doch ich endete nicht dort. Dem Urologen rutschte beim Eingriff in den Schrittbereich kein Skalpell ab, die Lokalbetäubung hielt nicht länger an als vorgesehen – so blieb es vergleichsweise kurz bei der toten Hose. Dafür, dass ich neuerlich Richtfest feiern durfte, sei dem kompetenten, freundlichen Personal des Hospitals *Virgen del Camino* herzlich gedankt.

# Die hohe Schule
# der Rechenkunst

*Als ob in Spanien zwei offizielle Arbeitslosenstatistiken
nicht verwirrend genug wären – beide weichen in schöner
Regelmäßigkeit stark voneinander ab.*

»Warum gibt es in Spanien zwei offizielle Arbeitslosenstatistiken?«, frage ich Jesús.

»Damit jeder sieht, welch offizielles Chaos hier herrscht«, entgegnet mein Schwiegervater lapidar, er, der im Laufe von Jahrzehnten mit allen spanischen Wassern gewaschen, übergossen und verbrüht worden ist, er, der in seinem Land von der Franco-Diktatur über Massenentlassungen bis zu Sozialaufständen alles erlebt hat.

Trotzdem: Eine schlüssige Antwort will ihm nicht einfallen.

Es scheint keine zu geben.

Sicher, verheerend ist in Spanien ein chronischer Höchststand an Arbeitslosen, der die einstige Weltmacht in Europas Spitzengruppe katapultiert hat. Dass es dabei zwei gänzlich unterschiedliche Statistiken gibt, dürfte international indes ein Alleinstellungsmerkmal sein.

Eine nähere Analyse zeigt, dass Arbeitslosenstatistik eins von einer Unterinstitution des Arbeitsministeriums abhängt, *Servicio Público de Empleo Estatal* genannt, kurz *SEPE*. Diese Einrichtung führt die offiziell arbeitslos Gemeldeten auf und erreicht allmonatlich die Medienwelt – nicht selten als Meldung des Schreckens und Armutszeugnis für die Politik.

Statistik und Armutszeugnis Nummer zwei geht auf eine andere Staatsbehörde zurück, das Nationale Statistikinstitut, und wird im Vierteljahresabstand erhoben. Basis bildet eine »Umfrage unter der Aktiven Arbeitsbevölkerung«, *Encuesta de Población Activa*, abgekürzt *EPA*. Dahinter steckt eine Erhebung, die nach eigener Auskunft als repräsentativ anzusehen, aber in Wahrheit so überflüssig ist wie der berühmte Kropf. Zumindest bewahrt sie die Mitstreiter des Instituts davor, in die eigene Arbeitslosenstatistik einzugehen. Eine solche Umfrage »unter rund 60.000 Familien, was etwa 180.000 Personen entspricht«, wie das Amt seine Arbeiterhaltungsmaßnahme glaubhaft zu machen sucht, erscheint mir so absurd, als würde man die Zahlen zugelassener Autos mit Wagenzählaktionen an aus-

gewählten Straßenabschnitten abgleichen. Oder das Monatsvolumen von Würstchen in städtischen Grünanlagen mit ordnungsgemäß gemeldeten Hunden.

Was fast zu ahnen ist und dem absurden Doppelpack der Zahlenspiele die Krone aufsetzt: Die beiden Arbeitslosenstatistiken Spaniens weichen erheblich voneinander ab. *SEPE* versus *EPA*, eine ungesunde Konkurrenz, freundlich gesponsert vom Steuerzahler. Ist bei den einen beispielsweise von 4,2 Millionen Arbeitslosen die Rede, kommen die anderen zur selben Zeit auf annähernd 5 Millionen. Was uns das sagen will? Nun ja, es scheinen tendenziell viele zu sein. Doch wie kommt es zu gut zwanzig Prozent Unterschied? Wo ist was manipuliert oder unvollständig? Und welche Zahl ist letztlich richtig?

»Keine«, mutmaßt mein Schwiegervater und lässt nicht einmal einen Mittelwert gelten. »In unserem maroden Sozialsystem muss die Hälfte der Arbeitslosen sowieso irgendwie arbeiten, um zu überleben, alle schwarz natürlich.«

Ebenso wenig wie Jesús kann auch ich mich an keine offizielle Rechnung eines Handwerkers erinnern, von dem man über Freunde oder Bekannte irgendwie den Kontakt bekommen hat. Nach getaner Arbeit gehen Klempner, Maurer, Elektriker oder Fliesenleger nicht eher, bis sie kassiert haben. Bar, an der Tür. Ob sie gerade offiziell arbeitslos sind, pflege ich nicht zu fragen.

Wie viele Arbeitslose in Spanien in der Tat keine Arbeit und welche Aussagekraft Statistiken haben, sei dahingestellt. Aber warum kommentieren dieselben Journalisten in denselben Zeitungen innerhalb kurzer Zeit einmal diese und einmal jene Statistik? Völlig unreflektiert, ohne im Geringsten auf die verheerenden Abweichungen einzugehen, die selbst in der Härte des Redaktionsalltags irgendwie auffallen müssten ...

Einig sind sich Experten und Kommentatoren in einem Punkt: Spaniens hohe Arbeitslosigkeit wird erst 2026 wieder den vergleichsweise niedrigen Stand von 2007 erreicht und eine »Verlorene Generation« gezeugt haben. Auf was genau diese Berechnung beruht und welche der beiden Statistiken in diesem Fall zu Grunde liegt, bleibt ebenso ungeklärt wie das Rätsel, wer die ominösen 60.000 Familien sind, die das Statistikinstitut für die »Umfrage unter der Aktiven Arbeitsbevölkerung« rekrutiert. Und wie man die Daten jener Auserwählten – sofern es sie gibt – im Drei-Monats-Rhythmus derart geschickt kreuzt und hochrechnet, bis sie im Vergleich zu den Zahlen des Arbeitsministeriums nicht mehr stimmen. Derlei hohe Schule der Rechenkunst macht Spanien so schnell niemand nach.

# Alkoholkontrolle

*Wie mir eine Weinkellerei in der Rioja*
*zum Ort der unvergesslichen Begegnung*
*mit zwei Gendarmen wurde.*

Es war eine surreale Konstellation, die mich heute Mittag in Aldeanueva de Ebro erwartete, einem Weinort in der Rioja. Auf der Suche nach Tropfen direkt vom Erzeuger wurde ich bei den *Bodegas Pastor Díaz* fündig, wo ein Schild an der Straße auf Direktverkauf wies. Kurz nach eins lenkte ich meinen Wagen auf den Hof der Kellerei, wo mir spanisch vorkam, dass dort ein Streifenwagen der Gendarmerie, *Guardia Civil*, stand.

»Wem die wohl auf der Spur sind?«, floss durch mein Unterbewusstsein, dem im Innern des Raums – einer Mischung aus Shop und Probierstube – zu Bewusstsein kam, dass es sich hier um eine gewissenhafte Spurensuche der besonderen Art handelte. Eine Betriebsprüfung. Gewissermaßen.

Zwei *Guardias Civiles* standen in ihren mattgrünen Uniformen an der Theke, ihnen gegenüber ein Kellereibediensteter. »Ein bisschen mehr?«, fragte er die Offiziellen just in dem Moment, als ich eintrat. Beide nickten, die benutzten Gläser wurden erneut mit einem Sattroten gefüllt. Dann wendete sich der freundliche Angestellte mir zu, führte mich durch die Glastür ins Lager, sprudelte begeistert, aber unaufdringlich die Eigenschaften des Sortiments hervor und lud mich ein, im Vorraum alles durchzuprobieren.

»Bis halb zwei hast du Zeit.«

»Kommen die öfter?«, fragte ich, bevor wir wieder die Glastür passierten.

»Die beiden *Guardias*?«, fragte er zurück. »Ja, klar. Gerade machen sie Pause.«

Mein Horizont, der bis dahin aus Dunstkreisen von Ordnungshütern allenfalls Raucher- und Kaffeepausen kannte, war schlagartig um einen Begriff erweitert. Weinpause. Genauer: polizeiliche Weinpause.

Mein Begleiter schenkte mir einen frischen, aromatischen Weißen – Rebsorte *Viura* – ein, ich stellte mich zu den Gendarmen an die Theke. Der Inhalt ihrer Gläser war während unserer Abwesenheit verdunstet, nun kauten sie Haselnüsse, die in einem Schälchen bereit standen. Beide schienen um die Dreißig zu sein, der eine mit gegeltem Haar, der andere schicksalsgemäß ungegelt, Glatzenträger. Das Team wirkte eingespielt. Jederzeit aufnahmebereit für Fest- und Flüssignahrung. Bereit, dem Gesetz Genüge zu tun und die Bösen zu stellen.

»Wollt ihr nicht drangehen?«, fragte der Verwalter, als aus dem rauschenden Funkgerät eine Stimme drang.

»Hat Zeit«, brummelte der Gegelte.

Im Gegensatz zu anderen Polizisten, mit denen mich das Leben außerhalb von Weinkellereien zusammengespült hatte, zeigte sich der Ungegelte gesprächig. Der Alkohol mochte seine Zunge gelöst haben. Nach Fragen zu meinem Woher und Wohin pries er die Qualität der Tropfen aus der *Bodega*.

»Preis und Qualität sind sensationell, letzten Monat habe ich zehn Kisten *Crianza* bestellt«, sagte er, strich sich über das, aus dem einmal sein Haupthaar gewuchert hatte, und ließ mich im Unklaren, ob die Depots bereits aufgebraucht waren. Und dann, in direkter Ansprache an mich: »Wenn du gleich den *Crianza* probiert hast, musst du unbedingt noch den *Reserva* testen! Wie der zu einem Filetsteak passt, so einem richtig blutigen!«

Der Polizist, dein Freund und Helfer in jeder Lebenslage!

Endlich mal jemand, der einen nicht oberlehrerhaft vor dem Suff oder dem Tod im Straßenverkehr bewahren will!

Und Tipps parat hat für Rote, gereift im Eichenfass, einen soliden *Crianza* und den höherwertigen *Reserva*!

Ich wette das komplette Dutzend Kisten Wein darauf, dass ich mir bei den *Bodegas Pastor Díaz* wie im Rausch zulegte, dass Ihnen daheim nie Vergleichbares widerfahren ist.

Und den Spaniern? Eben habe ich meine spanische Schwiegermutter María Elena angerufen und gefragt, ob sie Erfahrung mit Uniformierten habe, die während des Dienstes Weinpause machen und einen Autofahrer mit alkoholischen Probiertipps unterfüttern. Sie konnte meine Geschichte kaum glauben, doch mit dem Hinweis auf die Polizei hatte ich ein ganz anderes Fass angestochen.

»Zwei Strafzettel haben wir in den letzten Wochen bekommen«, eiferte sie sich. »Einmal zweihundert Euro wegen Nichtblinkens beim Überholen, einmal hundert Euro wegen minimaler Geschwindigkeitsüberschreitung auf der Autobahn.«

»Und?«, fragte ich. »War das korrekt?«

»Ja, war wohl korrekt«, gab sie kleinlaut zu, »zumindest gab es jeweils Rabatt. Du weißt ja: Wer innerhalb von zwei oder drei Wochen zahlt, zahlt nur die Hälfte«, erklärte sie wie selbstverständlich die Praxis bei der Bezahlung von Protokollen. Was in Spanien wiederum zu den Normalfällen zählt. Normaler zumindest als die Präsenz von Polizisten in einer Weinkellerei bei der persönlichen – nun, nennen wir sie: – »Alkoholkontrolle« ...

# Meine zwei liebsten Todesfälle

*Kastiliens König Heinrich und
Philipp der Schöne – auf den Spuren
mysteriös aus dem Leben geschiedener Herrscher.*

Neid, Rache, Machtspiele, Mordlust – in Spaniens Geschichte hat es stets gute Gründe gegeben, andere ins Jenseits zu befördern. Feige mit dem Gewehr, wie 1936 zu Beginn des Spanischen Bürgerkriegs den gesellschaftskritischen Dichter Federico García Lorca, den besten von allen. Oder ausgetüftelt mit ferngesteuerter *ETA*-Bombe, wie 1973 Diktator Francos rechte Hand, Luis Carrero Blanco, wobei es im Fall dieses eisernen Militärs einzig um sein Fahrzeug schade war, das durch die Wucht der Explosion über ein Madrider Haus geschleudert wurde.

Beliebtes Richtinstrument in früheren Zeiten war das Schwert, das Märtyrern wie San Paio den Hals aufschlitzte und der gesamten Sippe der Abencerrajen den Garaus machte. »Sicher ist sicher«, dachte sich Granadas Maurenherrscher Boabdil, der auf der Alhambra gleich die Komplettriege aus dreißig Abencerrajen köpfen ließ – einer von ihnen, da war er sich sicher, hatte ihn mit seiner Sultanin geschlechtlich hintergangen.

Meine zwei liebsten Todesfälle sind allerdings die mysteriösen, die niemals geklärten. Der erste erzählt von Kastiliens König Heinrich von Trastámara, der 1379 in Santo Domingo de la Calzada eintraf und aus anonymer Hand ein Präsent zugestellt bekam: ein Paar samtweiche, prächtige Lederstiefel. Als er sie zum nächsten Jagdausritt anzog, bemerkte er

San Paio vor seinem Martyrium; Hochaltarrelief in der Kirche San Paio de Antealtares in Santiago de Compostela.

im Innern des Schafts raue Stellen. Da ein Übermaß an Begriffsvermögen nie zur Stärke spanischer Royals gezählt hat, dachte sich Heinrich nichts

**90**

weiter dabei. Nach einer Weile wurde ihm übel, seine Begleiter brachten ihn zurück in die Stadt, wo er kurz darauf starb. Des Herrschers neue Stiefel, die im Übrigen nie in Serie gegangen sind, waren mit winzigen Giftdornen präpariert worden.

Die zweite Geschichte spielt in Burgos, wo Philipp der Schöne 1506, im Jahr seiner Proklamation zum König, samt Gemahlin Johanna und dem Gefolge eintraf. Quartier nahm das Herrscherpaar im Palais des Kronfeldherrn von Kastilien, der *Casa del Cordón*, in dem Johannas Eltern Isabella und Ferdinand 1497 Christoph Kolumbus nach dessen zweiter Amerikareise empfangen hatten.

Den Ausgleich zum Tagesgeschäft suchte der schöne Philipp beim Sport, so auch in Burgos. Einen Rittmeister seiner Wachen forderte er zum Schlagballspiel Pelota. Der König kämpfte und schwitzte und trank nach der Partie aus einem Krug mit eiskaltem Wasser, den irgendwer bereitgestellt hatte. Am kommenden Morgen fühlte sich Philipp erschlafft, in den Tagen danach setzten ihm Fieber, Schüttelfrost und Seitenschmerzen zu. Der leibärztliche Rat lautete Schonung, doch für den Monarchen war es zu spät. Die Fieberschübe verstärkten sich, hinzu kam eine Entzündung des Gaumens. Unablässig wachte Johanna am Krankenlager ihres Mannes, bis er im Palast den letzten Atemzug tat.

Ob sich Philipp nach dem *Pelotamatch* tragisch verkühlt hatte? Woher war der Krug mit Wasser gekommen? War Gift hineingemischt worden ...? Abseits des Spielfelds von Spekulationen ist einzig belegt, dass man den Toten in seine prächtigsten Gewänder kleidete und in der *Casa del Cordón* auf einen Thron setzte. Immer wieder berührte und liebkoste Johanna, die man in Spaniens Geschichte schlussendlich »die Wahnsinnige« titulierte und wegsperrte, den Leichnam, der zunächst im nahen Kartäuserkloster Miraflores beigesetzt und später nach Granada überführt wurde.

Die Orte meiner zwei liebsten historischen Todesfälle in Spanien habe ich gerade aufs Neue besucht.

In Santo Domingo de la Calzada liegt in einer Wand des Kreuzgangs der Kathedrale das Herz des Heinrich von Trastámara begraben. Ein kleines, unscheinbares Relief mit einem Burgmotiv zeigt die Stelle an; zum Glück riecht nichts mehr durch.

In Burgos hebt sich die *Casa del Cordón* mit ihrer breiten Fassade und der feinen gotischen Fensterzier aus dem Stadtbild ab. Der Name der *Casa del Cordón*, »Haus der Schnur«, rührt von jenen dekorativen Steinelementen her, die sich in Form von Gürtelstricken, wie sie zum Ordenskleid der Franziskaner gehören, um das Hauptportal legen. Im Innern hat die *Caja de Burgos* ihre Zentrale, eine Sparkasse. Wer sich in der historischen Säulenhalle auf einem Sitzbankpolster niederlässt, registriert, wie Geldautomaten und verglaste Schalterbereiche erfolgreich Stilbruch betreiben. Ab der Halle führen Durchgänge zu den Kundenberatern, von oben dringt Licht durch moderne Holzquadrate, eine Digitaluhr zeigt in roten Ziffern Datum und Zeit an.

»Wo genau starb Philipp der Schöne, wo hielt Johanna die Wahnsinnige seine Hand bis zum Ende?«, wollte ich letzten Donnerstag zunächst im angegliederten Kultur- und Ausstellungszentrum, dann am Infoschalter der Sparkasse wissen. Schweigen, Schulterzucken, meine Gegenüber musterten mich. Hielt man mich für Andreas den Wahnsinnigen?

Noch einmal die Frage, schließlich die Antwort: »Wahrscheinlich irgendwo im ersten Stock, das war die Etage der Noblen. Aber vergiss' es, zu sehen gibt es nichts mehr, alles ist restauriert.«

Ich fuhr mit dem Aufzug hinauf, ging von Eck zu Eck, grüßte artig in nüchterne, komplett modernisierte Büros hinein und erntete überraschte Blicke. Es stimmte: keine Spur mehr von Philipp. Kein Erinnerungsschild. Selbst sein Geist scheint spätestens mit der letzten Restaurierung aus der *Casa del Cordón* geweht worden zu sein. Einzig die »Etage der Noblen« verbindet Geschichte mit Gegenwart. Heute sitzen hier die Direktion und die Kapitalmarktabteilung der *Caja de Burgos* und trotzen dem Verwesungsgeruch spanischer Finanzinstitutionen in Krisenzeiten. Dass *Caja* auf Deutsch nicht nur »Sparkasse«, sondern auch »Sarg« bedeutet, muss unter diesen Vorzeichen ein böser substantivischer Zufall sein ...

# Blutige Rache

*Wird nicht der Stier beim Kampf in der Arena getötet,*
*sondern tötet er bei Stiershows selber, ist der Aufschrei*
*im Lande groß. Dann ist es mit dem Spaß*
*an der Volksbelustigung vorbei.*

So einen wie »Maus«, *Ratón*, gab es selten. Hinter dem niedlichen Namen verbarg sich ein Stier, der über Jahre hinweg eine Blutspur hinter sich herzog und beste Eigenschaften auf sich vereinte. Er war aggressiv, wendig, sprunggewaltig, elf Zentner schwer, blitzschnell, bestens behörnt. Maus überlebte, weil er nicht dem sicheren Tod aus Torerohand beim ungleichen Stierkampf zugedacht war, sondern diversen Stiertreiben und Stiershows bei Volksfesten in Spaniens Mittelmeergegend *Levante*. Dort verbreitete er Angst und Schrecken und fesselte Wagemutige und Schaulustige in den Arenen als Attraktion des Tages.

Dank der Ankündigungsplakate und seines propagierten Killerinstinkts füllte Maus bei seinen Auftritten die Kassen und Ränge und zeigte auch im Beisein spanischer Kinder und Jugendlicher, was in ihm steckte, besser: *wer* gelegentlich in ihm steckte. Maus besaß nämlich die Gabe, reihenweise Leute aufzuspießen, die im Sand der Arena eine Mutprobe besonderer Art suchten, aber leider nicht schnell genug hinter die Banden kamen oder auf aufgebaute Holzpodeste sprangen. Maus sprang den Freizeithelden, die alles andere als Profis im Umgang mit Stieren waren, einfach hinterher.

Wäre Maus auf der Weide geblieben, hätte man ihn friedlich grasen gesehen. So aber geriet er unter Menschenmassen regelmäßig in Stress und Panik, was zuvorderst seinen Züchter freute, der ihn dank reger Nachfrage auf Tourneen durch die Provinz tingeln ließ. Im Gegenzug untermauerte Maus das in ihn gesetzte Vertrauen mit spektakulären Tritten und Hornstößen in menschliche Leiber. Je mehr Verletzte, desto besser für die Antrittsgelder, die zeitweilig auf fünfstellige Eurohöhe kletterten. Geschäft ist Geschäft, Sensationsgier Sensationsgier.

Höhepunkte im *Curriculum Vitae* von *Ratón* waren zwei Fiestateilnehmer, denen er in Port de Sagunt und Benifairó de la Valldigna kraft seiner Dynamik und Hörner gewaltsam die Lebenslichter ausblies. Todesursachen, die sich an Absurdität kaum überbieten ließen. Als Maus in der Arena von Xàtiva sein Ansehen mehrte, indem er einen dritten Mann ins Jenseits beförderte, der betrunken vor ihm hergelaufen war, ging ein

El toro 'Ratón' se cobra otra víctima

Un morlaco con dos muer... ...s heridos a sus espaldas es el más solicitado
en las fiestas valencianas ⬤ ...a por la res

IGNACIO ZAFRA
Valencia

negra de ...

e cobra su ter...

...expulsado de la arena poco an...

El toro 'Ratón' ma...
a su tercer homb...

Lo iban a jubilar pero los 10.000...
pagan por cada actuación suya lo...

AMPARO GARCÍA / Valencia
Ratón es para los aficiona-
dos a los bous el correr lo
que los Rolling Stones a los
fanáticos del rock. Las dos
muertes que lleva en su cu-
rrículo y las decenas de cor-
nadas que ha repartido le
han convertido en el toro es-
trella. Su tirón ha podido
más que la necesidad de...

descanso de este...
que lleva más de 2...
tournée por las ti...
España, y la promo...
ganadero de reti...
acabado en un cam...
salir al ruedo, en...
Xàtiva, y volvió...
(Subirá su caché...
euro)?     Sigue en...

...atón' vuelve a matar

XÀTIVA
RECORTADORES!
LUNES 15/
15:00...

Toro 'pallcer...

haber

Gesammelte Zeitungsauschnitte
über den legendären Stier *Ratón*.

Aufschrei durch die Bevölkerung und die Medien. Waren die Grenzen spanischer Volksbelustigung jetzt überschritten? War das Ganze vielleicht nicht mehr spaßig, sondern entbehrte jeder Verantwortung? Andererseits verbietet man ja nicht gleich den Gebrauch von Pistolen, Messern und Autos, weil sie gelegentlich Menschen ins Grab bringen ...

Blieb zumindest die Frage, ob es pietätlos war, Aufnahmen von des Mannes Livetod bereits Minuten später auf *YouTube* publik zu machen. Binnen eines Tages gingen die Aufrufe des Videos in die Zehntausende, während der zur Rede gestellte Sicherheitsverantwortliche aus dem Rathaus von Xàtiva die Schuldfrage abwälzte und auf die Organisation des Spektakels durch einen kommerziellen Veranstalter verwies. Ob *Ratón* womöglich die Anklagebank drohte und ob er sich vor Gericht wegen Totschlags verantworten müsse, stand nicht zur Debatte.

Dafür geriet das einträgliche *Business* des Züchters zunehmend stärker ins Kreuzfeuer der Kritik. Ein Geschäft mit dem Tod, wie abscheulich! Leider übersah man dabei in einer Mixtur aus spanischer Traditionsverhaftung und Naivität, dass Stierzüchter im Regelfall eher das Rohmaterial für jene Kämpfe liefern, in denen der Stier am Ende unterliegt. Bei der *Showtime* in Xàtiva war es wieder einmal umgekehrt, was Stierkampfgegner in Internetforen als Revanche bejubelten (»Weiter so, es lebe *Ratón*!«) und in der Zeitung *El Mundo* auf Seite drei einen beherzten Kommentar nach sich zog. Eine fortschrittliche Gesellschaft müsse die Barbarei und ihre Arten des Vergnügens energisch zurückweisen, hieß es. Als ich dieselbe Ausgabe von *El Mundo* weiter durchblätterte, traute ich meinen Augen kaum, als ich auf zwei volle Seiten mit dezidierten Berichten und Analysen über Stierkämpfe in San Sebastián, Gijón und Málaga stieß. Kein Wort der Zivilisationskritik, dafür Lob für die Heldentaten der Toreros ...

Selbst Schuld, wer sich in Spaniens Arenen hetzen lässt – und das ist noch nicht einmal ein Stier, sondern ein Jungrind.

In diesen Tagen habe ich von zwei weiteren Hornattacken gelesen, die sich abseits von Fiestas und Arenen ereigneten. Als sich ein Bauer in Marcilla daran machte, eine Milchkuh zu melken und zu diesem Zweck das neugeborene Kalb ein Stück zur Seite schaffte, traf ihn ein Horn der Mutter in die Leiste. Über Handy rief er Hilfe herbei.

Zu Spitalaufenthalt und erheblichem Blutverlust kam es auch bei einem Franzosen, dem das Kunststück gelang, sich in Pamplona an einem Monument namens »Stiertreiben«, *Encierro*, zu verletzen. Nachdem der Tourist hinaufgeklettert war und sich zwischen den massigen Kunsttieren postiert hatte, rutschte er aus und rammte sich ein Horn ins Gesicht. Ein Bronzehorn, wohlgemerkt. Im Stierland Spanien lauert die Gefahr eben überall.

**P.S.** Das Monument *Encierro* wurde nach dem blutigen Zwischenfall zum Politikum und ist seither für potenzielle Stierbezwinger gesperrt.

# Fremdkörper

*Auswärtige Sommerurlauber in Spanien geben nicht
immer ein Musterbeispiel für Völkerverständigung ab.
Mitunter lässt man die Mutter aller Ferkel ans Licht.*

D er Sommer ist jene Jahreszeit, in der sich der Durchschnittsspani-
er vor allem in südlichen Küstengebieten als Exot im eigenen Land
fühlt. Erschreckt und überrascht von Fremdkörpern, deren weißbesockte
Füße in Gesundheitssandalen stecken, die in größter Mittagshitze allein
auf weiter Flur unterwegs sind und einer Halluzination gleichkommen, die
*Sangría* mit dem XL-Strohhalm aus Eimern trinken, die überhaupt *Sangría* einer solch abscheulichen Qualität herunterbekommen, ein eiskalter
Mix aus Tetrapak-Rotwein und Orangennektar vom Discounter.

Dem Ausländeransturm auf Strände, Kneipen und Restaurants stehen
die Einheimischen ebenso hilflos gegenüber wie Kreidetafeln, die »Täglich
frische Reibekuchen«, »Currywurst« und »Kalbsleber mit Zwiebelsoße und
Kartoffelpüree« verheißen. Umso größer ist die Freude, wenn sie auf Nah-
rungssuche Schilder mit der Aufschrift »*Hablamos español*« entdecken, »Wir
sprechen Spanisch«. Festzuhalten gilt ferner, dass sich die *Locals* in Ferien-
gemeinden wie Lloret de Mar nicht allzu oft mit repräsentativen Vertretern
aus Hochkulturkreisen konfrontiert sehen, sondern eher mit dem Typus
der Kampf- und Unterschichttrinker, die als wandelnde Abfüllanlagen nach
*One-night-stands* lechzen – falls sich ihr Krummsäbel zwischen Delirium
und Delirium noch in den Stand zum nächsten Gefecht bringen lässt.

»Was willst du machen, wenn du seit immer da wohnst?«, gibt meine spanische Tante Betty zu bedenken und spricht jenen Landsleuten ihr Mitgefühl
aus, die nachts in den Straßen mit anhören müssen, wie deutsches und eng-
lisches Liedgut abgesungen und lauthals Wiedersehen mit der letzten Mahlzeit gefeiert wird, was im Rückwärtsgang bekanntermaßen nicht so gut an-
kommt wie schlundabwärts. Sicher, Spanier lärmen und feiern selber gerne,
aber die Basis von Völkerverständigung sieht im Normalfall anders aus und
dürfte Vorbehalte schüren. Ernüchtert hat ein Regionalpolitiker mit Blick
auf die Ausuferungen in Küstendestinationen festgestellt: »Manche Touristen tun hier das, was sie sich zuhause nie getrauen würden.«

Eben.

Deswegen fährt man ja weit weg, um der Mutter aller Ferkel etwas Auslauf zu geben ...

In Lloret de Mar, 40.000 Einwohner stark, zur Costa Brava gehörig und mit durchaus schönen Stränden gesegnet, vervierfacht sich im Sommer die Einwohnerzahl, so schätzt man. »Wir sind grundsätzlich nicht gegen die Angebote nächtlicher Freizeit«, werden die Rathauslenker nicht müde zu betonen, wohl wissend, dass zwischen sprudelnden Kneipen- und Wirtschaftsquellen eine gewisse Verbindung besteht. Allerdings mehren sich die Stimmen gegen Reiseveranstalter, die Lloret de Mar im Ausland als »Paradies für Sauftourismus« anpreisen und als Ziel für billigen Partyurlaub, »in dem alles erlaubt ist«. Wird vor Ort mit der Sperrstunde um vier Uhr morgens auf die Spaßbremse getreten, können, wie in jüngerer Vergangenheit geschehen, Tumulte unter Diskogästen ausbrechen, die in Straßenschlachten mit der Polizei, auf der Wache und der Krankenstation enden.

Benidorm, Torremolinos, die Baleareninseln Mallorca und Ibiza – hier gibt das Ende des Sommers gleichermaßen Gelegenheit zur Bilanz, was die Saison über Profitmaximierung und Zulauf bei Schaumpartys hinaus gebracht hat. Sicher, unter manchen Gästen droht erst ein Dreivierteljahr nach dem willigen Geben und Nehmen die Folge, aber wer zwischendurch Blicke in Publikationen wie das deutschsprachige *Mallorca Magazin* wirft, stößt auf eine Vielzahl an Meldungen, die sich Jahr für Jahr so oder ähnlich wiederholen. »Gäste zünden Zimmer im Hotel an«, heißt es dann, ein unschöner Zug von Urlaubern nach einer Zechtour.

Oder: »Ärger am Strand«, wo sich zum Missfallen von Normalgästen und Hoteliers am Morgen wechselnde Panoramen aus Humanwracks, Scherben und benutzten Kondomen bieten.

Oder: »Deutsche stürzen vom Balkon«, aufgezogen an Fallbeispielen Sturzbetrunkener, die gegenüber der Polizei einzig in der Lage sind zu artikulieren, sie wollten endlich einmal fliegen. Dass gelegentlich auch ein »Flug in den Tod« vorkommt, dem kein stoffbedingter Film-, sondern ein unglücklicher Seilriss beim Parasailing zu Grunde liegt, zählt im Einzelfall zu den unwiederholbaren Erlebnissen ...

Spaniens traditionelle Urlaubsgemeinden stehen vor einem Dauerdilemma. Nicht selten sind sie seit dem Beginn des Massentourismus in den Sechziger und Siebziger Jahren flächendeckend mit Hotel- und Apartmentkomplexen betonversiegelt und haben ihren Ruf alkoholisch unterspülter *Low-budget*-Ferien zementiert. Andererseits hätte man heute vielleicht lieber Klasse statt Masse, doch für Qualitätstourismus mit einem lückenlosen Leuchten aus fünf Sternen ist es dort einfach zu spät. Es sei denn, man würde Lloret de Mar, Torremolinos oder Benidorm komplett einebnen und neu aufbauen.

# Unter Briten und wilden Affen

*Gibraltar,* The Rock, *übt eine seltsame Zugkraft aus.*
*Ein Stück* Great Britain *in Spaniens Süden, ein Fremdkörper*
*anderen Schlags als all die Bleichgesichter und Rothäute an Spaniens*
*Stränden. Überall greifen Klischees, das Erleben ist zweischneidig.*

Nach jedem Besuch in Gibraltar schwöre ich, so wie die meisten Tages-ausflügler: »Nie wieder!« Am allerwenigsten als eigener Steuerhalter. Der Verkehr ist katastrophal, die Parkplatznot nervig, jede Straße ein Na-delöhr. Alles *too much*, da gebündelt auf engstem Raum, ein Miteinander aus Friedhof und Fußballplatz grenzt gleich an die Start- und Landebahn des Flughafens. Mein Gelübde habe ich dennoch immer gebrochen.

Zu sehr zieht mich die bizarre Exotik dieses größten Fremdkörpers auf der Iberischen Halbinsel an, zu verwirrend, zu *strange*, ist das Gepräge von The Rock, wie Gibraltar genannt wird. Dahinter steckt nichts anderes als ein territorialer Kümmerling, den sich die Briten 1704 aus spanischen Händen einverleibten und seither besetzt halten. Ein Fliegenschiss auf der Landkarte, beherrscht von einem massigen, steilen Kalksteingiganten, der sich 425 Meter hoch über der Bucht von Algeciras und der Schnittstelle von Mit-telmeer und Atlantik auf-buckelt.

Die Zufahrt führt über das Rollfeld, im Hinter-grund zeichnet sich Nord-afrika ab, die oberen Fels-rücken sind Lebensraum von Berberaffen. Schamlos verrichten diese an den Haltepunkten der Ausflugs-wagen und -taxis ihr großes Geschäft auf Dächern und

Rauf auf die Touri-Autos in Gibraltar.

Kühlerhauben, knabbern je nach Laune die Fensterdichtungsgummis an und stürzen sich auf alles, was wie eine Plastiktüte raschelt und Nahrung verheißt. Sie sind die Rüpel von Gibraltar, echte *Rowdys*, hoffnungslos verlaust obendrein.

Gesitteter als zwischen wilden Affen geht es in der Unterstadt zu, wo leibhaftige *Bobbys* auf Streife gehen, Rempler ein »*Sorry*« erfordern und Parfümerien und Elektronikläden rund um die *Main Street* mit Angeboten und überfrachteten Auslagen locken. Jedes Mal, wenn mich das Schicksal gegen meinen Schwur nach Gibraltar zurückführt, kann ich mich der Faszination der Shoppingschneisen und historischen Mauerverbünde nicht erwehren. Jedes Mal treibt es mich an die äußerste Spitze, den *Europa Point*, mit Ausblicken auf die Meerenge, die Frachter, die Bergsilhouetten Marokkos. Jedes Mal statte ich – dem stattlichen Zugangspreis zum Trotz – dem *Upper Rock Nature Reserve* und den unvermeidlichen Affen einen Besuch ab, dazu den *Great Siege Tunnels*, die als Verteidigungssystem auf die lange spanische Belagerung Ende des 18. Jahrhunderts zurückgehen, und selbst der *St. Michael's Cave*, obwohl die Tropfsteinhöhle in buntesten Kitschlichtvariationen erstrahlt und den Einbau eines Auditoriums zu verkraften gehabt hat.

In der Kronkolonie Gibraltar bleibt kaum ein Klischee unbesetzt. Briefkästen tragen die Aufschrift *Royal Mail*, alte Telefonzellen leuchten in Rot, Buden mit *Fish'n'chips* stehen für die sagenhaften Errungenschaften der englischen Küche und Wettbüros für die Leidenschaft, ein sattes Pfund auf das richtige Pferd zu setzen. Einzig falsch liegt, wer Linksverkehr vermutet. Nein, ganz so britisch ist Gibraltar nicht. Andererseits geht nicht alles mit rechten Dingen zu. Anders lässt sich schwer erklären, dass auf gut sechseinhalb Quadratkilometer nicht nur 30.000 gemeldete Bürger kommen, was in etwa der Bevölkerungsdichte von London entspricht, sondern 60.000 Firmensitze, wie Spaniens Medien gerne herausstellen.

»Der Fels der Verbrecher«, giften Kommentatoren in einer Mischung aus Missgunst und angekratztem Nationalstolz und schieben gleich noch Anschuldigungen gegen die »Drogenschleuse Gibraltar« hinterher, die für die ungewöhnlich hohe Zahl der Abhängigen in Algeciras verantwortlich sei.

Fernab von Ressentiments ist allerdings jedem klar: Statt eines rekordverdächtigen Geschäftsinstinkts, der im Schnitt pro gibraltekischem Kopf – Neugeborene, Demente, Beamte und der amtierende Gouverneur inklusive – zwei offiziell registrierte Firmengründungen hervorgebracht hat, steht man vor dem Phänomen eines von höchsten Stellen geduldeten, obskuren Steuerschlupflochs in Europa.

Licht ins Dunkel bringt zumindest die südliche Sonne, die sich in anderen Teilen von *Great Britain* eher bedeckt hält, und der ein oder andere Feu-

erschein, wenn in Gibraltar wieder mal ein Öllager brennt. Doch nicht nur dann herrscht beim nahen Nachbarn Spanien helle Aufregung. Immer wieder wird das billige Auftanken von Schiffen beklagt, immer wieder machen Anwohner der andalusischen Nachbargemeinden tonnenweise angeschwemmtes Altöl an der Küste aus, immer wieder reiben sich Patrouillenboote beider Länder in den Grenzgewässern auf und lassen die Muskeln spielen.

Zertrümmern Soldaten der *Royal Navy* bei Schießübungen eine spanische Boje, folgt ein diplomatischer Aufschrei. Verfolgen Polizisten aus Gibraltar eine Bande Juwelenräuber auf spanisches Staatsgebiet und hecheln der Beute hinterher, ohne im Eifer des Gefechts die Behörden zu informieren, ist der Konflikt in Gegenrichtung vorprogrammiert. Ebenso ungern gesehen sind Aufenthalte britischer Atom-U-Boote, zumal, wenn sie marode zur Reparatur in den Hafen Gibraltars einlaufen ...

Der Widersinn aus Geschichte und Gegenwart zeigt auf, dass die alte Kolonialmacht Spanien unverdrossen auf die Rückgabe von Gibraltar pocht, während sie mit größter Selbstverständlichkeit in Marokko an ihren eigenen Exklaven Ceuta und Melilla festhält. Wie lange es mit dem Zankapfel Gibraltar weitergehen wird, klärt das Orakel auf. Erst wenn der Fels von den letzten Affen – also nicht den Briten, sondern den freilebenden Makaken – verlassen wird, fällt Gibraltar an Spanien zurück.

Typisch britisch

Da sich die Primaten einer prima Gesundheit erfreuen, wovon ich mich bei meinem letzten *Trip* erneut überzeugen konnte, blicken die Briten der Wendung des Schicksals *cool* entgegen: abwarten und Tee trinken. Und ich

Über den Flughafen von Gibraltar führt der Straßenzubringer von Spanien her.

schwöre, ich werde nie wieder zurückkommen. Zumindest nicht bis zum endgültigen Fall Gibraltars. Nicht einmal, um meinen in der *Main Street* günstig erworbenen MP3-Player zu reklamieren, der nach kürzester Zeit seinen Dienst versagte.

**P.S.** »Frechheit« – so empfand Ally aus Gibraltar die *Online*-Erstpublikation dieses Beitrags und sah sich zu Bemerkungen genötigt, die der Völkerverständigung nicht zum Durchbruch verhelfen dürften. In Andalusien baue jeder Fünfte in seinem Garten Drogen an, während Gibraltars Polizei den Missbrauch streng verfolgen würde. Und die Raffinerie im spanischen San Roque sei mit voller Absicht und gegen jedwede Richtlinien in Windrichtung Gibraltar gebaut worden. Ansonsten sei es gut, dass Spanien hinter der Grenze liege, nur die Touristen würden in Gibraltar nerven.

Wie gesagt: *The Rock* ist und bleibt ein Zankapfel und dennoch ein »Fliegenschiss« auf der Landkarte, was von Ally ebenfalls moniert wurde. Dabei war der unter Geografen nicht als allgemein anerkannte Terminus »Fliegenschiss« angesichts von 6,5 km² Territorialgröße Gibraltars schon hoch gegriffen. Das, *dear Ally*, können wir einfach nicht ändern.

# Sakralerotik

*Eindeutige Praktiken in Stein und Holz verewigt.
Spanische Kirchen und Kathedralen bergen den
einen oder anderen Überraschungseffekt.*

›Huch, ein Ständer im Altarumgang!‹, schießt es mir beim Besuch der Kathedrale von Burgos durch den Kopf. Geballte Pracht aus Gotik und Renaissance ist bereits auf mich eingestürzt, die Vierungskuppel, die Vergoldete Treppe des Diego de Siloe, der Maria geweihte Hochaltar in der Hauptkapelle, doch nun saugt sich mein Blick weit über Kopfhöhe an diesem Ständer fest, der mich befremdet. Kein klassischer Ständer für Kerzen oder Lampen, nein, es ist das Motiv einer kleinen Skulptur aus Stein: der Satan mit entblößtem Glied, das horizontal in den Kirchenraum sticht wie eine Pfeilspitze.

Ich scanne den Höllenfürsten im Geiste ein, setze sein hervorstehendstes Merkmal in Relation zum geflügelten Körper und komme auf eine Länge von höchstens fünfzehn Zentimetern. Eher ärmlich also für einen Strammen Max und in Kontaktanzeigen tendenziell zu verschweigen. Klar, fast jeder hat schon Größeres gesehen im Leben, aber nicht unbedingt in einem Sakralbau, weder in Kunstform noch sonstwie.

›Seht her, dies genitale Teufelswerkzeug!‹, mochte das anatomisch makellose Bildwerk vor Jahrhunderten ausdrücken. An beiden Seiten halten pummelige Begleiter, die ich als Engel interpretiere, die Flügel des Teufels fest und bewahren den in den Rausch der Wollust Geratenen vor dem

Echt teuflisch: der Satan mit Erektion; Kathedrale von Burgos, Altarumlauf.

Alleräußersten. Unter (Kirchen-) Männern dürfte der Abschreckungseffekt vor solcherlei Sünden- und Sittenwarnung gering gewesen sein. Schließlich wusste man in katholischen Kreisen seit alters her, wie und mit welcher Stimulans sich das abgebildete Organ über das Wasserlassen hinaus verwenden ließ. Sexualmoral und Sexualpraxis sind seit jeher ungleiche Kameraden gewesen.

Das Teufelchen von Burgos steht – um im Wortfeld zu bleiben – nicht allein auf weiter Flur. Komme ich an der romanischen Martinskirche von Frómista vorbei, gelegen am Jakobsweg durch Kastilien-León, gilt mein stiller Gruß stets dem Phallusmann, der in der Reihe der über 300 Sparrenfiguren in jeder Hinsicht eine Sonderstellung einnimmt. Das

Phallusmann, romanische Kirche San Martín in Frómista.

Männlein prangt hoch oben am nördlichen Giebel, es scheint mir beschnitten zu sein, der Umfang der schwer zu übersehenden *Glans* gleicht einem kleinen Luftballon und würde stattlich in der Handfläche liegen. Da aus Stein geschaffen, ist sein Instrument in alle Ewigkeit erigiert. Was in allen Leibhaftigen, die heutzutage der Einnahme von Viagra unterworfen sind, sicherlich Neid erweckt.

Meine Eindrücke aus der Kathedrale von León sind unweigerlich mit Stadtführer Rafael verknüpft, der seine deutschsprachigen Gruppen im Mittelschiff gern in den Chor lotst und unter den »Misericordien«, jenen Holzstützen an den Klappsitzen, auf die unterschiedlichsten Schnitzmotive verweist, darunter ein Wildschweinpaar in ungewöhnlicher Pose. Freudig macht sich ein Keiler mit der Schnauze am Hinterleib seiner Gefährtin zu schaffen, die zu diesem Zweck die Beine gespreizt hat, als liege sie in der Praxis eines Wildschweinfrauenarztes. Welch tierische Sauerei an heiliger Stätte!

Rafael, ein freundlicher, wohlbeleibter Frühpensionär, Typ Honigkuchenpferd, setzt eine Engelsunschuldsmiene auf und zuckt mit den Schultern. Ein zweites Motiv im Chor übergeht er dezent: einen älteren Mann in Kutte, der umgekehrt rittlings auf einem zweiten sitzt, dessen nacktes Hin-

terteil sich dem Betrachter zu-
wendet, während das Gemächt,
den Erdanziehungskräften gehorchend, herunterbaumelt.

Per Post hat mich Rafael letzte Woche dankenswerterweise
mit einer Farbkopie der Wildschweinszene und einem ergän-
zenden Zeitschriftenbericht über
Darstellungen in Chorgestühlen
spanischer Kirchen versorgt. Zu
den markant herausgeschnitzten
Schwächen des Fleisches führt
der Autor des Magazinbeitrags
Beispiele aus den Kathedralen
von Ciudad Rodrigo, Plascencia
und Zamora an. Nichts ist zwei-
deutig, alles eindeutig.

Während Mann und Frau
im Wannenbad, im Beisein von
zwei Bediensteten schamlos ihre
Teile zeigend, zu den harmlose-
ren Sujets zählen, dürften sich
selbst jene Betrachter, denen

An meinem Arbeitsplatz schaue ich mir die Farbkopie der
Wildschweinszene an, die mir Rafael geschickt hat.

nichts Menschliches fremd ist, angesichts der Motive, die Vorlieben für
das Spiel in Hintereingängen aufgreifen, die Augen reiben. Auf Details sei
an dieser Stelle verzichtet, nur so viel: welch derbe, obszöne Standbilder
aus den Territorien zwischen Oberschenkel und Gürtellinie! Sex mit Tieren, animalische Begierde unter Einsatz von Fäkalien, manches ist mehr
als bloße Sakralerotik, nämlich: *Hardcore* in heiligen Hallen.

Was Sodomie betrifft, so hat sie auch Einzug in den *Codex Calixtinus*
gehalten, das mittelalterliche Standardwerk zur Santiago-Pilgerschaft, verfasst im 12. Jahrhundert. Zum Typus des Mannes aus der Region Navarra heißt es, er gebe gleichermaßen der Scham seiner Frau wie der seines
Maultieres »unzüchtige Küsse«. Und: »Man erzählt sich auch, dass der
Navarrese am Hinterteil seines Maultiers oder seiner Stute einen Schutz
anbringt, damit kein anderer außer ihm zu diesem Zugang hat.« Eine Art
Keuschheitsgürtel für Tiere. Das war mir neu. Man lernt immer dazu.

Bleibt die Frage, ob die Versuchungen in den Häusern Gottes wirklich
allzu plastisch und abschreckend thematisiert wurden, um das Böse her-

auszustellen. Oder hatten es vereinzelt Künstler gewagt, wie es einige Quellen nahelegen, auf ihre Art den Spott über Klerusvertreter auszukübeln?

Diese These scheint mir nicht schlüssig. Eher dürften die Erst- von den Zweitgenannten angehalten worden sein, im Chorgestühl, zu denen das gemeine Volk keinen Zutritt hatte, Spielräume heimlicher Fantasien und Wege der Ersatzbefriedigung zu schaffen. Fortan strichen Generationen an Kirchenmännern während der Gesänge und Andachten mit ihren Fingern über das polierte Holz und drangen wie zufällig zu unterschiedlichsten Wölbungen und Öffnungen vor. Einzelheiten seien dezent verschwiegen, nicht aber die Vermutung, dass die Streicheleinheiten eher der Erektion als der Kontemplation förderlich waren.

Allen Kirchenskeptikern halte ich entgegen: Gehen Sie wieder öfter in die Kirche! Zumindest in eine spanische. Es könnte sich lohnen. Glauben und kunsthistorisches Interesse sind keine Einstiegsvoraussetzungen, doch manchmal werden Sie mehr über die Spezies Mensch und die Gattung der Vertreter Gottes auf Erden in Erfahrung bringen, als diesen selber lieb wäre. Der Teufel steckt im Detail. Oder er sitzt im Chorgestühl.

# Im Land der Feuchtgebiete

*Eiskaffee, Weinbeutel, befremdliche Bräuche rund*
*um Asturiens Apfelwein – Feinheiten aus dem Reich*
*der Trinksitten, ein kleines Stück Volkskunde.*

»Einen Eiskaffee, bitte.« – Überlegen Sie im Café genau, was Sie tun, bevor Sie diese Worte sprechen!

Ich wette, dass Erwartungshaltung und Resultat erheblich voneinander abweichen. Falls jemand ein aus Mitteleuropas Eisdielen bekanntes Beiwerk aus Vanilleeis und Schlagsahnehaube erwartet – es wird Sie nie erreichen, es sei denn, Sie sitzen gerade in einem Touristenort und konnten die Kaloriengranate auf Deutsch bestellen.

In Spanien ist Eiskaffee, *café con hielo*, ein Kombinat aus a) einem Tässchen frisch gebrühtem Espresso und b) einem ansonsten leeren Glas mit Eiswürfeln. Wer a) in b) kippt, macht es richtig. Fertig ist der Kaffee mit Eis. Meine spanische Tante Betty mag dergleichen, aber sie mag auch Stierkampf.

Für mich so richtig zum Ganzkörperschütteln ist ein Heißgetränk, dessen Unterschicht aus zähflüssiger, schwerstgesüßter Kondensmilch besteht, die auf den Boden abgesackt, mit Espresso übergossen worden ist und auf den Umrührvorgang wartet: *café bombón*, wörtlich »Kaffeepraline«.

Dies ist der leibhaftige spanische Eiskaffee.

Dann besser ein *carajillo*, ein Kaffee mit einem gewichtigen Anteil an Brandy oder Trester, der überleitet auf alkoholisches Terrain, wo es bei Bier und Wein kommt, wie es kommt, was Größe und Stilreinheit des Gefäßes betrifft. Im Zweifel hält ein Wasserglas her.

Ein solcher Typus – mit größtmöglicher Öffnung und dünnen Wänden – nimmt in der Nordregion Asturien den Apfelwein, *Sidra*, auf. Der Einschank ist mein Lieblingszeremoniell in Spanien und eröffnet einen Ablauf in mehreren Schritten, die ich stets dem Kenner überlasse.

Schritt eins des Rituals: Man nehme eine gut gekühlte Flasche *Sidra* und greife zum Glas.

Schritt zwei: Man bringe den Körper in senkrechte Lage, führe das Glas in der einen Hand möglichst weit unter Hüfthöhe und die Flasche in der anderen Hand gleichzeitig über den Kopf, vorzugsweise mit ausgestrecktem Arm.

Schritt drei: eingießen.

In diesem Moment zeigt sich, dass je nach Armlänge zwischen Flaschenhals und dem Boden des leicht schräg zu haltenden Glases ein Meter Apfelweinstrahl und mehr liegt. In Tateinheit zwischen langem Luftweg und brutalem Aufprall wird Sauerstoff gebunden, der die *Sidra* noch prickelnder und perliger macht. Gerade das ist es, was die Einheimischen lieben. Als Begleiterscheinung bringt der Akrobatikbrauch mit sich, dass nicht alles sein Ziel erreicht, selbst bei den erfahrensten Kellnern in Asturiens Hauptstadt Oviedo nicht, die das Zeremoniell gerne in einer Variante mit einem Plus an Schwierigkeitsgrad vornehmen, nämlich ohne konzentriert hinzusehen. All das wirkt *cool* und abgeklärt, ist aber unwiderruflich an Verschüttung gekoppelt ...

Ähnliches widerfährt jenen, die den Umgang mit dem Weinbeutel, *bota de vino*, nicht beherrschen. Zu Volksfesten bringen Traditionalisten diesen kleinen Ledersack mit, der andernorts als Souvenir verkauft wird, schwören

Einschank von Apfelwein in der Altstadt von Oviedo.

Jeder Kellner hat seinen Stil, aber das geht eigentlich noch besser und höher – Einschank von Sidra, Oviedo.

auf die Frische des Inhalts und schöpfen bei jeder Gelegenheit aus dem Vorrat. Dabei gilt: das Gefäß nie mit den Lippen berühren!

Der Auftakt des Autoserviervorgangs besteht darin, den schmalen Ausguss zu öffnen, den Kopf leicht in den Nacken zu legen und die *bota de vino* ein Stück weit weg vom Mund zu halten. Dann: den Einfallswinkel vorausberechnen, auf den Ledersack drücken, als wäre es ein Ballon oder Euter, und hoffen, dass der hervorschießende Strahl sein Ziel erreicht.

Zumeist tut er das bei Ungeübten nicht, was umgehend Erlebnisspuren auf T-Shirt oder Jacke nach sich zieht und dem Terminus »Gespritzter« zu einer neuen Nuance verhilft. Am Ende bleibt nur ein *Interruptus*, um den Weinfluss zu stoppen, während man sich blitzartig zur Seite wegdreht.

Ähnlich reaktionsschnell muss sein, wer einen weingefüllten, henkellosen *Porrón* zur Hand nimmt. Der Ausguss dieses Glasgefäßes ist lang, die Öffnung winzig, der Strahl Richtung Mund kann – dem Prinzip des Weinbeutels entsprechend – unerbittlich und punktgenau dorthin gelangen, wo man es nicht auf Anhieb erwartet. Kleidung, Oberlippe, Nase, Kinngrübchen, Wangen.

Fast hätte ich der Verschüttung zweiten Teil zur *Sidra* vergessen. Ist das Glas zu einem Fünftel oder Sechstel gefüllt worden, bedeutet das »voll«. Mehr gibt es nicht. Dann schlucken Sie den trüben, fermentierten Inhalt in einem Zug weg, aber keinesfalls alles! Die Tradition will, dass im Glas ein Apfelweinrest zurückbleibt, den Sie kurz umschwenken. Nüchtern betrachtet, hängt dies mit Hygienegründen zusammen. Das Glas soll vor seiner Weitergabe an den Nächsten irgendwie gereinigt werden – schließlich kommen traditionelle Freundesgrüppchen nur mit einem einzigen Behältnis aus. Das flüssige Überbleibsel kippen Sie – egal, ob *open air* oder Kneipe: ohne Hemmungen – auf den Boden und werden spätestens jetzt erklären können, warum dieser so klebt und dass Sie es nicht selber sind, der die ganze Zeit so säuerlich gerochen hat.

Bleibt abschließend die Erkenntnis: Spanien, das viele tausend Küstenkilometer, Flamingoseen und Marsche auf sich vereint, ist ein Land der Feuchtgebiete. Und davon gibt es mehr als man glaubt.

**P.S.** Da ihm »Unsitten« wie zum asturischen Apfelwein »total unbekannt« waren, stellte ein Leser den Autor nach Erstpublikation der Online-Kolumne in die Ecke der »Sauf-Germanen«, die sich in Mallorca bedingungslos volllaufen lassen und »eigene Dummheiten für spanische Folklore« halten. Gleichzeitig ließ der Leser durchblicken, noch nie in Asturien gewesen sein.

Bemerkung: In Mallorca war ich das letzte Mal etwa fünfundzwanzig Jahre vor dem verfassten Beitrag. Eine alkoholische Langzeitwirkung, die Einfluss auf die Schreibarbeit genommen haben könnte, schließt meine Hausärztin aus.

# Mein Hunger auf Dopingfleisch

*Sattelhelden mit märchenhaften Kräften und*
*Radwege mit unterschiedlichsten Hindernissen –*
*Facetten des Bikebooms in Spanien.*

Es war einmal ein spanischer Radrennprofi, der bei den weltweit wichtigsten Rundfahrten zu Höchstleistungen auffuhr: bei der *Tour de France*, dem *Giro d'Italia* und der *Vuelta a España* durch sein Heimatland. Mit dem Gewinn der drei Großevents stieg er in den Radlerolymp auf und sah sich als Volksheros umjubelt. Überall bezwang er die Berge, als habe sein Arbeitsgerät einen eingebauten Motor.

Eines Tages, als er bei der *Tour de France* erneut auf Siegeskurs lag, entsandte er aus Frankreich, wo substanzlose Spezialitäten wie Trüffel, Austern und Croissants eher einen Hungerast auf der nächsten Etappe verhießen, einen Boten nach Spanien. Wie sehr vermisste der Held die kulinarischen Säulen seines Landes! Wie sehr sehnte er sich nach einem *Chuletón*, einem *T-Bone-Steak*, schön dick geschnitten, so richtig blutig!

Der Bote wurde gleich hinter der Grenze im Baskenland fündig, kehrte mit der Beute zurück und verhalf dem Sportler zu einem lukullischen Glückszustand. Kurz darauf förderte eine Dopingkontrolle bei diesem Clenbuterol zutage, jenen verbotenen, leistungssteigernden Wirkstoff, der aus der Abteilung Muskelschmiede und unter schwarzen Schafen auch illegal bei der Kälbermast zum Einsatz kommt.

Auf die Herkunft der Substanz in seinem Tiefinnersten wusste der Radrennfahrer einzig eine Antwort: Das *Chuletón* war es! Aha. So entging er vorübergehend weiteren Ermittlungen und einer Dopingsperre.

Ein Märchen? Hatte der Mann ein Rad ab? Alberto Contador hieß der Sportsfreund, die Älteren erinnern sich. Unbeeindruckt vom Vorwurf, eine mobile Apotheke zu sein, und dem Umstand, er könne ganze Rinderherden und Berufssparten vom spanischen Viehzüchter bis zum Schlachtkontrolleur in Misskredit stürzen, hielt er daran fest, dass die Schuld niemand anderen zu treffen habe als das *T-Bone-Steak*, gekauft in einer Fleischerei im Grenzstädtchen Irun. Dem Vernehmen nach standen die abgenagten Knochen für ein Zeugenverhör nicht mehr zur Verfügung.

Nächstes Wochenende führt mich mein Weg wieder einmal ins Baskenland nach Irun. Mein Entschluss steht fest: In einer Metzgerei werde ich nach einem »*Chuletón*, wie es einst Alberto Contador verspeiste« fragen und hoffe, dass eines vorrätig ist. Schließlich möchte ich ausloten, ob ich bei der geplanten Bikeauffahrt auf den Jaizkibel, jenen Berg, der sich in Sichtweite von Irun mehrere hundert Meter hoch über den Fluten des Atlantiks erhebt, meinen Rekord von vor fünfzehn Jahren brechen kann. Gegner und Kontrolleure wird es nicht geben. Alles wird sich ausschließlich privat abspielen, ein reiner Kampf gegen die Uhr und das Ego. Da meine Nahrungszufuhr in Spanien bislang keine messbaren Höchstleistungen hervorgebracht hat, erhoffe ich mir durch das *Chuletón* aus Irun den ultimativen Kick. Während ich dies schreibe, merke ich, wie sich mein Hunger auf Dopingfleisch mehr und mehr verstärkt ...

Mögen sie gedopt oder ungedopt unterwegs gewesen sein – als positiver Befund ist unbestreitbar, dass Spaniens Radhelden und ihre Triumphe von *Tour de France* über Weltmeisterschaften bis Olympia ihren Anteil an dem seit Ende des 20. Jahrhunderts anhaltenden Bikefieber im Land haben. Miguel Indurain, fünfmal hintereinander spektakulärer Sieger der *Tour de France* und in seinen besten Zeiten mit einer Kondition und Konstitution »wie vom anderen Stern« (was immer das bedeuten mochte), Abraham Olano, Óscar Pereiro, Óscar Freire, Igor Astarloa, Carlos Sastre, Roberto Heras, Alejandro Valverde, Samuel Sánchez – all die Namen, weitestgehend im Grund der schnelllebigen Geschichte versickert und teils ohne nachweisbares Sündenregister (vielleicht, weil sie der Zeit und den Kontrollmechanismen eine Radlänge voraus waren), stehen in dieser Reihe.

In Spanien prognostiziert die Staatliche Verkehrsbehörde, *Dirección General de Tráfico*, dem Radboom gleichwohl eine ungebrochen goldene Zukunft. Bis ins Jahr 2020 wird die Zahl der unmotorisierten Zweiradnutzer in Spanien um etwa eine Million steigen, so heißt es. Mittlerweile gibt es in einzelnen Städten und Gemeinden Leihfahrräder zum Nulltarif, Fahrradparkplätze, sogar Fahrraddemos gegen Bebauungsprojekte in ökologisch wertvollen Gebieten – vormals undenkbar! Die nicht seltenen Fälle der Fahrradunfalltoten bezeugen indes, dass Pedalritter im Alltag noch immer zum Typus der Fremdverkehrskörper zählen und gelegentlich ein breiteres Profil bekommen. Wird der Rumpf geplättet, nützt die Helmpflicht im Lande wenig.

Hole ich selber mein Bike aus dem Abstellraum, bin ich allseits bereit, mich den Gefahren der Straße zu stellen und im Gegenzug klingelresistente Lebendhindernisse auf Radwegen, darunter Kinderwagenschieber und Spaziergänger älteren Jahrgangs, zu verschonen. Abrupt zum Bremsmanöver zwang mich zuletzt allerdings eine andere, bislang unbekannte Barriere. Die zwischen Straße und Gehsteig mit einem Radlersymbol markierten gestrichelten Bodenlinien, denen ich eine Zeitlang

gefolgt war und die zweifelsfrei den Verlauf eines Radweges auswiesen, endeten plötzlich am übermannshohen Metallpfosten eines Verkehrsschilds. Direkt dahinter gingen die weißen Streifen auf dem Pflaster weiter.

Da mir dies kaum jemand glaubt, es aber trotzdem wahr ist, machte ich mir Tage später die Mühe, die Stelle zu fotografieren. Des Rätsels Lösung, was einem Radler die Fähigkeit gibt, sich in Luft aufzulösen, um ein solches Radweghindernis wohlbehalten zu meistern, kann erneut nur sein: ein *Chuletón* aus Irun! Zweifel bereitet mir im Vorfeld eines Selbstversuchs einzig der Gedanke, ob im vorgenannten Fall das ungedopte Fahrrad mitspielen würde.

**P.S. #1** In einem Zeitungsleserbrief hat Freizeitbiker Carlos zwischenzeitlich eine von ihm benutzte Strecke in Mendillorri als »Fahrradweg des Gelächters« getauft, der »einer Filmkomödie« zur Ehre gereichte. Plötzlich stand ihm inmitten eines 90-Grad-Abknicks eine Laterne im Weg, der er einzig mit Akrobatik ausweichen konnte, an anderen Stellen forderten fest verankerte Mülleimer auf dem Radweg zum Slalom heraus. Stellt sich die Frage, ob vielleicht eine Radreparaturwerkstatt und / oder die Privatchirurgenvereinigung als stiller Sponsor der Hindernisse dahintersteckt.

**P.S. #2** Die These vom verseuchten *Chuletón* schien selbst für den Internationalen Sportgerichtshof faul wie Gammelfleisch. Ein Toursieg von *Señor* Contador wurde nach langem Nachspiel nachträglich aberkannt. Und der beschuldigte Fleischer aus Irun stellte eine Klage in Aussicht …

# Die Tanzteufelskerle aus Anguiano

*Eine steile Dorfgasse, kopfsteingepflastert.*
*Wer auf die Wahnsinnsidee kommt,*
*sie auf Stelzen wirbelnd hinab zu tanzen?*
*Acht Männer, jeder in bauschigem Rock und*
*mit klappernden Kastagnetten.*
*Tradition ist Tradition.*

»Nur nicht auf den Boden schauen!«, mahnt Javier. »Sobald man auf den Boden schaut, liegt man unten!«

Javier, 45, zählt zu den Ratgebern und Veteranen unter den Stelzentänzern von Anguiano, ein 500-Einwohner-Dorf in der Rioja, das sich zweimal jährlich am eigenen Schopf aus seiner Beschaulichkeit reißt. Wenn sich der Fiestavorhang Ende September – wie gerade geschehen – und um den 22. Juli öffnet, den Gedenktag der Schutzpatronin Maria Magdalena, gibt es für die Lokalheroen kein Halten mehr: beim Stelzentanz, *Danza de los Zancos*.

Niemand möge dabei den Maßstab von Normalität anlegen, weder bei den Stelzen noch beim Tanz, alleine dies ein gewagtes Kombinat für Kerle wie sie, die keine Artisten sind und während des übrigen Jahres nie üben – doch das ist nicht alles. In wackligen Höhen mutieren acht Männer zu Multitalenten, sie sind die Eier legenden Wollmilchsäue des Ortes, als Stelzentänzer kennen sie keine Helme, keine Stützhilfen, keine Furcht: Balance und Rhythmus haltend, dazu in bauschigem Rock über Kopfsteinpflaster um die eigene Achse wirbelnd, zeitgleich beidhändig mit Kastagnetten klappernd, das Ganze mit hellwachen Sinnen eine steile Gasse hinab zwischen Menschenmassen hindurch. Alles klar? Für die Männer aus Anguiano schon. Tradition ist Tradition. Ohne Netz und doppelten Boden. Einfach ab, völlig losgelöst. Aber: Nur nicht auf den Boden schauen!

Eine kleine Chronologie ...

Das wichtigste Zubehör für die Tänzer vor dem Auftritt: die Holzstelzen mit Polstersäckchen.

Letzter Septembersonntag, Mittagszeit, eine Vier-telstunde fehlt. Die Kirche spuckt die letzten Be-sucher der Dreizehn-Uhr-Messe aus, der Platz vor dem Gotteshaus im Oberdorf ist jetzt voll. Plötz-lich treffen sie ein, acht Männer in bunten Wes-ten, noch auf eigenen Füßen stehend, unterstützt von Helfern, die Stelzentänzer. Jeder nimmt ein Stück Kirchmauer in Beschlag, legt die Kastagnet-ten ab, lehnt seine wichtigsten Utensilien an: zwei Stelzen aus Buchenholz, fünfzig Zentimeter hoch, gefertigt in einer Schreinerei im nächstgrößeren Städtchen Nájera. Der Kirchplatz gerät zur *Open-air*-Ankleide. Um den Leib der Tänzer kommen Schärpe, Unterrock, schließlich der Rock, die *saya*, ein orangegelber, voluminöser Stoff, Damast. Da-nach geht es an die Befestigung der Stelzen.

César, 26, im Berufsalltag Programmierer, steht im neunten Jahr hintereinander in der Tanzriege. Seine Füße stecken in weißen Kniestrümpfen und diese in Hanfschuhen, die er auf einen Tritt im Holz abstützt, bereit zum Verknotungsdoppel mit jeder Stelze: die erste Kordel um Sohle und Hacke, die zweite um die Zone unterhalb der Kniescheibe, die ihrerseits durch ein Polstersäckchen ge-schützt wird. Jeder Handgriff, jede Schlaufe muss sitzen. Ich sehe das Gan-ze als System des festgezurrten Holzbeins und frage mich, ob dies bereits patentiert worden ist. Bis zum Ab-schnüren später im Unterdorf gibt es kein Entrinnen mehr.

Die Kirchenglocken schlagen Zwei, es geht los. Nach schwanken-den Stelzenstandtests setzt das Spiel der Kapelle ein, bestehend aus zwei Flötenspielern und einem Tromm-ler, die den Takt für den Auftakt vorgeben, einen Formationstanz auf dem Kirchplatz. Auf das Vor-spiel folgt die erste Bewährung: jeder Tänzer einzeln auf Stelzen rotierend die Kirchentreppe hinab, in auffangbereite Hände. Wie César und die anderen die unförmigen

Der erste Teil des Auftritts der Stelzentänzer von Anguiano: Formation zum Tanz auf dem Kirchvorplatz.

Stufen unfallfrei meistern und gleichzeitig mit Kastagnetten klacken, bleibt mir ein Rätsel, doch nun wird es richtig ernst. Ein Stück weiter beginnt jene Gasse, die das Straßenschild als *Cuesta de los Danzadores* ausweist, der »Abhang der Tänzer«, an den die Schaulustigen vom Kirchplatz hinabströmen und sich an den Seiten vor den Fassaden und am Ende postieren. Die Gasse ist ein Nadelöhr, die Enge drangvoll, die Spannung steigt.

César macht heute den Anfang, konzentriert, angespannt. Schweiß rinnt ihm die Schläfen entlang. Da das Wort »Angst« aus seinem Kopf und Wortschatz verbannt scheint, wird er mir später von einer »Zerreißprobe für die Nerven« berichten. Da hilft selbst jahrelange Erfahrung nichts. Entschlossen breitet César die Arme aus, als würde er zum Flug ansetzen, nimmt rückwärts gerichtet zur Gasse Schwung, beginnt sich gegen den Uhrzeigersinn zu drehen, stürzt sich auf seinen Stelzen wie im Rausch hinab, wie in Trance, wie von unsichtbarer Hand gelenkt. Er kreist, er wirbelt, er streift bedrohlich nah Menge und Häuser, hält den Kastagnettentakt. Das Tempo steigt, schnell, immer schneller. Durch die Schwünge bauscht sich der schwere, blumengemusterte Rock in Reifrockform auf und wirkt federleicht. Das Gefälle schätze ich auf zehn Prozent, die Entfernung bis zum Ziel auf siebzig, achtzig Meter: der Hauptplatz, an dem eine Menschenbarriere aus Helfern und Zuschauern César stoppt. Ein Bremsbad in der Menge. Geschafft. Zumindest der erste Durchlauf.

Hinter César lösen sich Schlag auf Schlag die restlichen Tanzteufelskerle von der Kapelle. Sie rotieren, schwingen, schweben über den tückischen Kopfsteinbelag, trotzen dem Schwindelgefühl, vollführen in pfeilschnellen Wendungen ihre atemberaubende Akrobatik, beherrschen die angebundenen Stelzen, als wären sie angewachsen, holen das Letzte aus sich heraus, unterdrücken den Schmerz beim abrupten Aufprall auf Hände

und Arme. Das Ende der Gasse dort unten ist nicht das Ende, jeder der Verwegenen drückt sich wieder so schnell wie möglich an der Seite zurück zum Ausgangspunkt, will aufs Neue zeigen, was in ihm steckt. Bestenfalls schaffen Spaniens fulminanteste Wirbler fünf, sechs Durchgänge, bis sie mit mehreren Holzstocktänzen – diese nach Ablage ihrer Stelzen – die Zeremonie auf dem Hauptplatz unter Applaus beschließen. Danach wollen alles nur das Eine: ab in die nächste Kneipe.

Dokumente belegen, dass die Tanzbräuche in Anguiano bis 1603 zurückreichen. Mutmaßlich lassen sich die Wurzeln weitaus früher ansetzen. Über Sinn und Ursprung der Tänze kursieren verschiedenste Theorien. Der Schriftsteller Julio Caro Baroja hat sie mit einem Druidentanz verglichen und ihnen das Prädikat »barbarisch männlich« angeheftet, andere sehen den Kern als Initiationsritual oder gar als eine Art Sonnenkult, bei dem die kreisenden Tänzer der Sonne symbolisch Kraft abverlangen, um die Ernte reifen und die Früchte im Folgejahr wieder reichlich aus der Erde sprießen zu lassen. In seinem 300-seitigen Standardwerk über die *Danza de los Zancos* sieht der Heimatkundler Jesús María Martínez Alesanco keinen schlüssigen Beweis in diese oder jene Richtung. Wichtiger ist ihm die Tatsache, dass sich die Tänze, mit denen seit alters her auch die heilige Maria Magdalena verehrt wird, über einen solch langen Zeitraum erhalten haben – als Verdienst und Stolz eines ganzen Dorfes.

César ist nach dem letzten Holzstocktanz noch ganz außer Atem, als ich ihn auf dem Hauptplatz treffe. Wieder einmal hat er es geschafft, mit den Stelzen nicht gestürzt, nicht unterwegs in der Menschenmenge gelandet, nicht gegen eine Hauswand geprallt zu sein – aber wie? Es gibt weder Auffangnetze noch Heuballen, weder Polster noch Training, nicht einmal eine Generalprobe. Einzig das Kastagnettenspiel darf geübt werden.

»Unterwegs musst du genau in der Mitte der Gasse bleiben, den Blick bei jeder Drehung auf irgendeinen Fixpunkt gerichtet«, verrät César seine Technik, auf Stelzen die Orientierung zu behalten.

Die *Danza de los Zancos* von Anguiano: mit wehendem Rock auf Stelzen die Gasse abwärts.

Und sein Antrieb, tageweise Volksheld zu sein, beim Spiel mit Gefahr und Körperbeherrschung überhaupt mitzumachen?

»Das kommt aus dem tiefsten Innern heraus«, sagt er nach einer längeren Pause. »Das kann man kaum beschreiben, das muss man leben, damit muss man aufwachsen.«

Voraussetzung für die Teilnahme der Tänzer ist, dass zumindest ein Elternteil aus Anguiano stammt. Es gibt eine Warteliste, für den jüngsten Nachwuchs mittlerweile sehr wohl eine Stelzentanzschule. Vierzehn Jahre alt sollte man wenigstens sein, wenn es bei der Premiere in der *Cuesta de los Danzadores* ernst wird. Neben César steht Juan Mari, Mitte zwanzig, Servicetechniker. Heute hat er den Schlussstrich unter seine außerberufliche Stelzentänzerkarriere gezogen. »Jetzt sind die Jüngeren dran«, schnauft er. Gravierend verletzt habe er sich nie. Gefallen sei er schon, räumt Juan Mari ein, und die ein oder andere Prellung und Schürfwunde sei normal. »Aber es ist nichts Übernatürliches dabei«, nimmt er sich bescheiden zurück, blickt mir in die Augen und sagt: »Wenn du dir Stelzen anziehst, schaffst du das auch.«

Zum Glück stammt keines meiner Elternteile aus Anguiano ...

»Unsere Patronin Maria Magdalena hält schützend die Hand über uns, davon ich fest überzeugt, obwohl ich nie in die Kirche gehe«, gibt Javier am Nachmittag auf der Terrasse seines Familienrestaurants *La Herradura* unumwunden zu und trinkt mit mir einen Kräuterlikör aus dem nahen Benediktinerkloster Valvanera. »Wäre der Beistand der Heiligen nicht da, würde hier das Schlimmste passieren. Es ist wie ein Wunder.«

Mit den Worten »Adrenalin, pures Adrenalin« freut sich Veteran Javier auf seinen Einsatz am Abend, wenn die Stelzentänzer von Anguiano in geänderter Besetzung ein letztes Mal in Aktion treten. Dass die Fiesta fast vorbei ist, stimmt ihn traurig. Spätestens morgen früh werden Stelzen und Röcke wieder weggepackt, dann heißt es für Javier, César und all die anderen: fieberhaft warten bis Juli. Knapp zehn Monate bis zum nächsten heißen Tanz.

# Total TV

*Wahrsagerinnen wiegen mich zuverlässig in den Schlaf,*
*die Gesprächsrunde einer* Tertulia *steht für audiovisuelle Folter –*
*Bemerkungen zum Fernsehen in Spanien.*

Hauptsache, es flimmert. Und es flimmert reichlich in Spaniens Fern-
sehlandschaft, einem Labyrinth aus weit über tausend Kanälen. Damit steht das Land neben Großbritannien und Italien an Europas Spitze.
National, regional, lokal, *Special Interest* und *Very Special Interest*, die Auswahl ist undurchschaubar und reicht bis zum Stierkampf als Bezahlsender,
den – traurig, aber wahr und ohne weiteren Kommentar – ein Teil meiner
angeheirateten Verwandtschaft abonniert hat. Wer dort zu Besuch kommt,
darf nicht erwarten, dass ihm zu Ehren das Fernsehen ausgeschaltet wird.
Im Gegenteil: Droht das Nebengeräusch der Gästeunterhaltung allzu stark
anzusteigen, stellt man das Gerät im Bedarfsfall lauter ...

In den Programmbrei Spaniens wird das übliche Einerlei aus Kochshows
eingerührt, Telenovelas, Dokusoaps, Herzschmerz und Urlaubsfreuden von
Prominenten. All das, was in die Breite und nicht in die Tiefe geht, kommt
bestens an und folgt dem internationalen Grundsatz, dass im Fernsehen die
dümmsten Ideen die besten sind, um sich rasch und flächendeckend zu ver-
breiten. Bauer sucht Frau, Bauer sucht Mann, Dschungelkönig sucht seriöse Anstellung. Natürlich bringen klingende Titel wie »Erzähl' mir, wie es
passierte« *(Cuéntame como pasó),* »Frauen und Männer und umgekehrt«
*(Mujeres y hombres y viceversa)* und »Gesegneter Gaumen« *(Bendito pala-
dar)* allseits auf den Geschmack. Noch gewaltiger als »Ohne Möpse gibt es
kein Paradies« *(Sin tetas no hay paraíso)* fand ich jedoch eine Pressemeldung
aus dem richtigen Leben zu einer Spielshow. Eine Telefonkandidatin hatte
unter Zeugenschaft des Publikums fünftausend Euro gewonnen, einzig der
Eingang des Geldes auf ihrem Konto blieb aus. Nach einer Reihe erfolgloser
Nachfragen blieb der Frau aus Tarifa kein anderes Mittel als der Rechtsweg,
der in Spaniens marodem Justizsystem niemand zu wünschen ist. Dass die
landesweit betrüblich darniederliegende Zahlungsmoral Fernsehsender ein-
schließt, war mir bis dahin unbekannt.

Was in Spanien fehlt, sind seriöse Politmagazine, aber das kümmert eh
niemanden, am wenigsten die Politiker. Kein Mangel herrscht hingegen an
Sportsendern, die bei Fußballspielübertragungen von Liga bis *Champions
League* Massen an Menschen in Kneipen zusammenbringen. Zur Selbst-

herrlichkeit und der Fanbindung der Clubgiganten Real Madrid und FC Barcelona zählen ihre eigenen Kanäle. Wie sich *Realmadrid TV* und *Barça TV* abseits der eigentlichen Matches bis nachts oder rund um die Uhr mit Inhalt füllen lassen, grenzt für mich an ein Wunder. Interviews, Vorspiel- und Nachspiel- und Trainingsberichte sind nicht alles, auch deren Wiederholungen bis zum Abwinken nicht. Programmfacetten geben Pressekonferenzen, Partien der Jugendmannschaften mit den Stars von morgen und – als unschlagbares Füllmaterial – Konserven mit den »besten Momenten der Geschichte« und Spielen, die sich vor zwanzig oder dreißig Jahren ereigneten. Schechtestenfalls wiedergegeben in voller Länge. Was ich noch nicht ausgemacht habe, sind Porträts der Zwergkaninchen des Mannschaftsarztes und Liveübertragungen von der neuen Einsaat des Stadionrasens.

Auf Reisen durch Spanien schalte ich abends bevorzugt Programme mit Liveanrufen bei Tarot-Damen ein, die mich im Hotelbett am zuverlässigsten in den Schlaf bringen. Ergreift eine der »großen Wahrsagerinnen« das Wort, erfüllt der Klang ihrer sanften Stimme den Raum, legt sich wie Balsam auf die Seele und steigert mein Verlangen wegzuschlummern. Manchmal schaffe ich es mit Mühe, mich eine Zeitlang wachzuhalten, um an der »kostenlosen Erstberatung« der Anrufer teilzuhaben. Was wird wohl aus ihrer Partnerschaft? Oder dem Arbeitsplatz? Oder der Krankheit? Oder der Liebe der Tochter? Dann legt die Meisterin mit konzentrierter Miene die Karten aus, analysiert, hebt gelegentlich ihre Arme und beschwört die Kräfte höherer Mächte.

Mitunter wird sie ungnädig, falls es jemand am anderen Leitungsende wagt, sie zu unterbrechen: »Erlaubt ist nur eine Frage!« Schließlich scheinen die Nächsten in der Warteschleife zu hängen, um öffentlich ihre Sternzeichen und Probleme preiszugeben.

Aber rufen wirklich so viele Spanier jedweden Alters und Geschlechts bis tief in die Nacht hinein an, um das Dunkel der Zukunft erhellt zu bekommen? Oder lässt die Technik von heute Sprachprogramme mit verstellbaren Stimmen zu, allesamt lanciert aus der Redaktion? Ach nein, irgendwie muss das Personal vor und hinter den Kulissen ja entlohnt werden. Auf dem Bildschirm will es mir allerdings nie gelingen, den in Miniaturschrift eingeblendeten Kostensatz pro Telefonat zu entziffern.

Irgendwann werde ich wach, und noch immer ist eine »große Wahrsagerin« wie ein Phantom in der Nähe meiner Matratze zugegen ...

Wachen Geistes warne ich ausdrücklich vor Programmen mit einer *Tertulia*, was als genuin spanischer Ausdruck für »Plauderkreis«, »Schwatzrunde« steht. »Versammlung von Personen, die sich regelmäßig treffen, um Konversation zu halten«, habe ich im Wörterbuch der Königlichen Sprachakademie als Definition gefunden. Das klingt neutral und allzu ungelenk. Mein Spanisch-Deutsch-Wörterbuch weist eine *Tertulia* schlichtweg als »Stammtisch« aus, was tendenziell nach niveaufreier, biergetränkter Niederung klingt. Niveaufrei stimmt.

Vor Fernsehkameras (und auch Radiomikrofonen) kommen Leute zusammen, die ins Blaue hinein über Gott und die Welt philosophieren und als oberste Voraussetzung erfüllen, von nichts etwas wissen zu müssen, aber über alles reden zu können. *Tertulias* in Mittagsmagazinen wie auf dem Sender *Intereconomía*, das ist für mich im einstigen Inquisitionsland Spanien eine audiovisuelle Folter, die zweitgrößte vorstellbare Barbarei – einzig übertroffen vom Stierkampf ...

P.S.   Fazit der jüngsten Erhebung: Das hat es noch nie gegeben in Spanien! 4 Stunden, 24 Minuten. So lange starrt der Durchschnittsbürger täglich auf die Mattscheibe. Glückwunsch zum neuen Landesrekord in Sachen Weiterbildung.

# Luxus im Kittchen

*Wird eine moderne Haftanstalt in Spanien besser ausstaffiert
als Schulen und Kindergärten, macht das eine »Investition
in die Zukunft« Glauben. Böse Zungen vermuten dahinter
einen geschickten politischen Schachzug.*

In Spanien kursiert eine Geschichte um zwei Politiker, einen älteren und einen jüngeren, die vor der Entscheidung einer großen Investition stehen.

»Was können wir für Sie tun?«, fragen sie den Direktor einer Schule, der sogleich einen Fluss an Mängeln hervorsprudelt. Undichte Stellen im Dach, Risse im Mauerwerk, fehlende Computer und Bücher, überalterte Sanitär- und Sportanlagen.

Die Politiker versprechen eine Lösung, verlangen jedoch nach Geduld.

»Was können wir für Sie tun?«, fragen sie den Direktor eines Gefängnisses, der ähnliche Missstände anführt wie der Schulleiter.

»Hiermit sage ich Ihnen für die Haftanstalt schon jetzt meine Unterstützung zu«, sagt der ältere Politiker, worauf er später unter vier Augen von dem überraschten jüngeren zur Rede gestellt wird und entgegnet: »Verstehst du nicht, Bursche? Noch haben wir das Budget, aber das reicht nur für ein einziges Vorhaben. Denk ein bisschen an dich selbst. Oder willst du irgendwann zurück in die Schule ...?«

In Zeiten, in denen Politikern aus Gründen der Steuerhinterziehung und Korruption zunehmend Lebensabschnitte hinter schwedischen Gardinen drohen, ist vorausschauendes Denken stärker gefragt denn je, was eigentlich Stärke der Spanier nicht ist. Dennoch haben führende Verantwortungsträger erkannt: Je besser ich mein potenzielles Zukunftsheim in Euromillionenhöhe ausstaffiere, desto besser wird es mir im Fall der Fälle in meinem *home away from home* ergehen. Nur so lässt sich erklären, dass in Spaniens wahrem Leben mancher Neubau eines Gefängnisses um Längen besser ausgestattet wird als Kindergärten und Schulen. Feuchte Verliese in Burgen, Fußfesseln, schwarzweiß gestreifte Häftlingskluft, ein Darben bei Wasser und Brot, Abschreckungseffekte für potenzielle Neukunden, all das war gestern.

In meiner Wahlheimatstadt Pamplona empörten sich Bürger mit gesundem Menschenverstand eine unnutze Zeitlang über ein Megaprojekt auf dem Hügel Santa Lucía, das politisch längst abgesegnet war. Eine Haftan-

stalt, *Norte II* genannt und bestens durchdacht, mit viel Platz und Raffi-
nessen, eine kleine, moderne Stadt inklusive Krankenstation, bereit, eine
Tausendschaft Kriminelle aus dem ganzen Land und drei Hundertschaften
an Wach- und Sicherheitspersonal aufzunehmen. Wie heimelig, schön, ro-
mantisch, citynah gelegen und gleichermaßen funktional war dagegen das
gute alte Stadtgefängnis mit seinem Ziegelwerk, den historischen Wach-
türmchen an den Ecken, den hohen Zäunen und Stacheldrahtrollen! Warum immer wieder Neues? Als an die Öffentlichkeit drang, wie lang der
Bestellzettel für das Equipment jenes Neuen ausfiel und was alles kosten
und geordert werden sollte, gingen Fluten an aufgebrachten Kommentaren
in Foren und Leserbriefen bei den Lokalzeitungen ein.

Eine Megaküche mit fünfunddreißig Kühltruhen und Kühlschränken,
Brotbackvorrichtungen, elektrisches Schneidegerät und ein Spülmaschi-
nensystem, das über tausend Teller pro Stunde schaffen würde – all das
schien aus Steuerzahlersicht noch verkraftbar. Ebenso die Kaufaufträge
für 4.760 Handtücher, gut 2.500 Bettwäschesets und ebenso viele Decken,
2.794 Stühle, 864 Tische, 526 Bänke, 359 Papierkörbe, 143 Büroschränke
und 29 Wandtafeln, doch spätestens nach Kenntnis der Bestellungen einer
Küchenmegapresse für frischen Orangensaft und der 670 in den Zellen
zu installierenden Flachbildschirme der neuesten Generation überstiegen
des Volkes Aufschreie der Empörung die dafür vorgesehenen Dezibel.
Auch der mit Schaukel, Rutsche, Sandkasten und Pädagogen präparierte
Gefängnis-Kindergarten für die jüngsten Besucher der Insassen stieß im
Vergleich zu staatlichen Kürzungen bei anderen Sozialausgaben auf Un-
verständnis.

Hinzu kamen im Kittchen, ganz so, als sei man darauf aus, mit den besten Freizeiteinrichtungen und Ferienanlagen konkurrieren zu wollen: ein
Schwimmbad, ein Fitnessraum samt Gewichten, Boxsäcken, Laufband,
Ruderbank und dreiundzwanzig Fahrradergometern, eine Bibliothek mit
5.000 Büchern und einer wohlsortierten CD-Auswahl, ein Audiovisueller
Saal, ein Studienbereich mit Computerarbeitsplätzen und Druckern, eine
multifunktionale Sporthalle, eine Auswahl an Fußball-, Basket- und Vol-
leybällen, außerdem Schulmikroskope und Domino-, Dame-, Schach- und
Tischfußballspiele, die nicht aus verkommenen Trödelbeständen stammten, sondern brandneu vom Lieferanten kamen.

Vermisst habe ich bei der Aufstellung eine Saunalandschaft mit dem Angebot täglich wechselnder Aufgüsse, ein *Shopping Center*, eine *Beautyfarm*
und ein integriertes *Flatrate*-Bordell. Angesichts von derlei Servicemangel
scheinen Spaniens Politiker bei der Planung von *Norte II* doch keine ganze
Arbeit geleistet zu haben.

So sah in einer Stadt wie Pamplona noch ein richtig gutes altes, citynah gelegenes Stadtgefängnis aus mit hohen Zäunen und Stacheldrahtrollen – warum muss alles modern und neu werden …?

**P.S.** Gefangene, freut euch, im übernächsten Monat ist Weihnachten! Wer andere getötet, beraubt, entführt oder erpresst hat, wird zu diesem Anlass zusätzlich belohnt. In Spaniens Gefängnissen pflegt man dann lieb gewonnene Traditionen, indem man für die Inhaftierten Festmenüs mit Spanferkel, Zackenbarsch oder Lachs aus dem Ofen auftischen lässt. Ein Partyservice aus der hauseigenen Küche. Ich wünsche jetzt schon: keine vorzeitige Haftentlassung bis dahin und guten Appetit!

# Vorsicht, Anruf!

*Wer in Spanien telefoniert, muss mit einem rustikalen*
*Gesprächsauftakt rechnen. Was danach kommt,*
*kann helfen, Menschen und Mentalität besser zu verstehen.*

»Noch nie in meinem Leben war ich so unhöflich an einem Telefon begrüßt worden«, ist jene Textstelle, die ich mir in Peter Richters Roman *Gran Vía* markiert habe. Ebenso den nachfolgenden Satz des Ich-Erzählers, er habe »bis dahin allerdings auch noch nie in Spanien« telefoniert. Ein Leidensgenosse.

Ruft man irgendwo an, meldet sich am anderen Ende der Leitung im Normalfall niemand mit Namen, weder die Sekretärin des Bürgermeisters, noch meine Schwiegereltern, noch das Personal meines Zahnarztes, der sogar schon zwei angesetzte Bohrtermine von mir verschwitzt hat. Stattdessen dringt zum Gesprächsauftakt häufig ein rustikales, militaristisch dahingebelltes »Ja!« ins Trommelfell, was Unerfahrene geradezu strammstehen lässt, aber nicht so gemeint ist, wie es sich anhört. Für Spanier entspricht die anfängliche Grobschlächtigkeit der Normalität und dem Ansatz: Wer wagt es, mich hier zu stören? Man zeigt sich bereit zum Audioduell. Im weiteren Fortgang des Telefonats löst sich die Ruppigkeit zum Glück oft in Wohlgefallen auf.

Das Phänomen der – aus Ausländersicht – unfeinen spanischen Art des Gesprächseinstiegs pflegen auch jene, die selber anrufen und demzufolge ein Anliegen haben. Kaum jemand verschwendet seine Zeit mit einem »Guten Tag«, was ich wie Sex ohne Vorspiel empfinde, sondern kommt gleich zur Sache. »Ist Cristina da?«, poltern irgendwelche Bekannte meiner Frau daher. Allerdings kommt niemand an mir vorbei, ohne sich im Anschluss zu identifizieren. So ergeht es Freizeit- und Geschäftsanrufern, Verwandten, den Freundinnen meiner Töchter. Da bin ich hart und konsequent, was wiederum viele Spanier überrascht. Zuletzt war die Reihe wieder einmal an einem Werbebotschafter, bei dessen automatischer Wahlerkennung im Display »Unbekannt« aufleuchtete und der – wie üblich – ohne verbalen Zierrat mit der Tür ins Haus fiel.

»Wir bieten ab dieser Woche ein Konto mit einem außergewöhnlichen Zins an. Lassen Sie sich die Gelegenheit nicht entgehen!«

»Mit wem spreche ich überhaupt?«, wollte ich wissen, da ich niemanden meiner Stammsparkasse erkannte.

»*Banco Espirito Santo.*«

Es war die »Bank des Heiligen Geistes«!

Mein Gott, kein Scherz, die gab es wirklich. Ich wusste um Zweigstellen in Spanien, Zentrale und Schreibweise sind Portugiesisch. Natürlich war bei der Heilig-Geist-Bank nichts übernatürlich, sondern es handelte sich um einen platten, bodenverhafteten Versuch von illegalem Kundenfang. Zur Hölle mit den Gesetzen, mochte man sich denken.

Auch ich dachte kurz und hakte dann nach: »Wird bei Ihnen das Konto denn auf Erden oder im Himmel geführt?«

Pause.

Klick.

Aufgelegt.

Selbst von hier erreichte mich ein Werbeanruf – die Bank des Heiligen Geistes.

Ähnlich erfolgreich war im Übrigen meine Abwehr gegen die himmelschreiende Gesprächsverwicklungstaktik aus dem *Callcenter* der Versicherungsgesellschaft *Divina Pastora* verlaufen, der »Göttlichen Hirtin«. Hatte hier Maria persönlich die Bürgschaft übernommen? Als ich mit der Chefin zu sprechen verlangte und auf Nachfrage meinen Wunsch mit »heilige Jungfrau und Gottesmutter« präzisierte, war plötzlich niemand mehr zu hören.

Überraschend war hingegen, was ich selber während eines Anrufs bei einer Karmelitengemeinschaft zu hören bekam, die seit Jahrhunderten im Hinterland des Mittelmeerstädtchens Benicàssim ansässig ist. Nachdem ich mich nach den aktuellen Öffnungszeiten des Museums sakraler Kunst erkundigt hatte, wagte ich es, eine zweite Frage zu stellen, die mich an den Rand des Fegefeuers und der ewigen Verdammung bringen sollte.

»Wie groß ist Ihre Gemeinschaft heute noch?«, wollte ich wissen.

»Was geht Sie das denn an?«, fragte mich der *Padre* in einem Ton, der mir nicht allzu salbungsvoll schien.

Ich gab wahrheitsgemäß zur Antwort, dass ich diese Zusatzinformation gerne in ein Reisebuch aufnehmen würde, ging aber davon aus, dass der Ordensmann mich nicht richtig verstanden hatte und wiederholte die Frage.

»Solche Fragen stellt man ja wohl nicht. Diese Frage beantworte ich Ihnen unter keinen Umständen, die ist absolut überflüssig«, nahm ich in einer Angriffslust entgegen, als hätte ich um Aufschluss zu sexuellen Vorlieben gebeten.

Bis zu diesem Zeitpunkt hatte ich mir nie konkret Gedanken über die Folgeschäden eines weltfremden Lebens in Gebeten und Askese gemacht ...

Auf einem anderen Blatt steht, als Anrufer bei einer öffentlichen Institution zur Zielperson durchzudringen, international nichts Neues, aber in Spanien mit netten Nuancen. Zuletzt musste ein befreundeter spanischer Hochschulprofessor von auswärts seine eigene Universität kontaktieren. Der Arme! Er hatte die Durchwahl des Kollegen nicht zur Hand. Zuerst scheiterte er kläglich in der Warteschleife der Zentrale, beim zweiten Versuch gab jemand zu, des Weiterverbindens nicht fähig zu sein, ein Dritter war schließlich nicht an seinem Platz, um zu orten, wo sich der Kollege gerade befand. Des Professors Fazit, in einer *Survival*-Mischung aus Fatalismus und Sarkasmus: »Erst wenn jeder an seinem Platz ist, wird Spanien funktionieren.«

Alternativ pflegt er zu sagen: »Erst wenn jeder an seinem Platz ist, wird es in Spanien zur großen Revolution kommen können.«

Beides ist bislang nicht der Fall.

In der Reihe meiner ungewöhnlichsten Telefonate steht jenes mit Rafael, dem städtischen Pressechef der *Tomatina*, der »Tomatenschlacht« im Ort Bunyol, Provinz Valencia, wo sich alljährlich an einem Spätsommertag die Teilnehmer gegenseitig mit Tomaten bewerfen. Meine Ausgangsfrage nach einer Akkreditierung als Journalist für die Fiesta nahm einen unerwarteten Verlauf: »Kein Problem, du kannst sogar auf einem Lastwagen mitfahren, der mit Tomaten beladen ist. Da dürfen sonst nur die Leute aus Bunyol drauf, dann kannst du sogar selbst mit Tomaten werfen. Fünfhundert Euro.«

»Wie fünfhundert Euro?«

»Das kostet dich fünfhundert Euro. Dafür bekommst du außerdem Interviews mit dem Bürgermeister, der Festkönigin und dem für Presse und Kommunikation zuständigen Stadtrat, das bin ich selber.«

»Fünfhundert Euro, um gnädigst eine Audienz bei Autoritäten vom Kaliber eines Pressesprechers gewährt zu bekommen. Fünfhundert Euro, um Tomaten zu werfen«, sinnierte ich ungläubig. Ein halbes Monatsgehalt eines spanischen Durchschnittsverdieners. Der Preis für drei- bis vierhundert Kilo Tomaten, wenn ich sie auf dem Markt für den Selbstverzehr kaufe.

»Fünfhundert Euro, das ist doch gar nichts«, versuchte der Mann Überzeugungsarbeit zu leisten. »Über uns berichten Teams aus der ganzen Welt, aus Japan, China, den USA. Wer am Tag der *Tomatina* zur Berichterstattung das Rathaus nutzt, bezahlt zweitausend.«

Soviel zum Thema internationale Eigenwerbung von Bunyol. Ob mit derlei verdächtiger Praxis die Gemeindesäckel oder Privattaschen gefüllt werden, entzieht sich meiner Kenntnis.

Als sympathischstes Telefonat ist mir jenes mit dem Archäologischen Museum in Madrid im Gedächtnis geblieben. Ein mir unbekannt gebliebener Spanier nahm den Anruf entgegen, ich stellte mich vor, binnen Sekunden entwickelte sich eine Vertrauensbasis, als würden wir uns ewig kennen. Ich wollte nur wissen, wann nach den laufenden Umbaumaßnahmen wieder mit dem normalen Museumsbetrieb zu rechnen sei.

»Weißt du«, antwortete mein unsichtbares Gegenüber, «wir sind hier in Spanien. Wir wissen nur, wann etwas begonnen hat. Wir wissen aber nie, wann es endet.«

# Dunkelgeld und die Gunst von Fortuna

*Wer in Spanien an der Steuer*
*vorbei operiert, steht vor der Wahl:*
*besser klassische oder lieber innovative Wege?*

Es begann wie folgt:
A: »Nach deiner Bewerbung und Vorstellung würde ich dich zum nächstmöglichen Zeitpunkt als Sekretärin einstellen.«

B: »Ja, gerne.«

Dann, am Ende:

A: »Bleibt nur noch die Frage, wie wir das mit der Bezahlung regeln.«

B: »Meinst du: schwarz oder weiß?«

A: »Ja.«

B: »Das möchte ich erst mit meinem Mann bereden, der ist Experte, der arbeitet als Steuerprüfer im Finanzamt.«

Einen Tag später:

B: »Ich habe mir das Ganze überlegt. Wir würden die Option ›nicht weiß‹ ziehen.«

A: »Gut.«

B: »Weißt du, mein Mann hat mir ausdrücklich dazu geraten.«

Für den exakten Wortlaut dieser Einstellungsgesprächsfetzen halte ich nicht meine Schreibhand ins Feuer, aber ich schwöre, nächstmöglich an der Wahrheit geblieben zu sein. Den Verlauf hat Dialogpartner A an eine gute Bekannte weitergetragen, meine Frau, und sie um Rat gefragt, ob er die Bewerberin, anonym abgekürzt B, auf dieser Finanz- und Vertrauensbasis wirklich einstellen solle. Freund A hatte seinen privaten pharmazeutischen Schulungsbetrieb ausgebaut, war händeringend auf der Suche nach einer verlässlichen Kraft und von deren Antwort selbst überrascht.

Welche Erkenntnis ihm und uns das bringt? Zuallererst, dass die Partnerschaft mit einem beamteten Steuerprüfer in Spanien vielleicht nicht so langweilig und unangenehm ist, wie man sich das allgemein vorstellt, sondern durchaus praktische Aspekte birgt. Man hat immer einen Ratgeber an der Seite. Und im Zweifel setzt sich der Lebensabschnittsgefährte bei einer Betriebsprüfung selbst ein und sieht generös über Details hinweg.

Für normal denkende Spanier versteht sich von selbst, das Größtmögliche an Einkünften dezent zu verschweigen, um sie an der öffentlichen Hand vorbei in die eigene gleiten zu lassen. Ebenso wie ich glaube, dass *Callgirls* und *-boys* sich von ihrer Klientel im Anschluss an Termine keine Einkunftbescheinigungen quittieren lassen, um sie als Bezüge offenzulegen, bin ich davon überzeugt, dass es kaum einem Spanier in den Sinn kommt, die Einnahmen der Ferienwohnung, die man im Sommer über Privatannoncen vermietet, freiwillig anzugeben.

Nicht einmal die Einkünfte einer dauerhaft vermieteten Wohnung werden bei der Steuererklärung gerne enthüllt, wie ich einem Zeitungsbericht aus der Nordwestregion Galicien entnommen habe. Über ein Drittel aller dortigen Wohnungseigentümer, so stand als Schätzung zu lesen, gibt die monatlichen Einnahmen nicht an, was an das übliche Risiko aus Kontrolle, Nach- und Strafzahlung gekoppelt ist. Das weiß auch der Direktor unserer Hausbank, der meiner Frau und mir freiweg von der weingetränkten Leber erzählte, dass er sich irgendwie gezwungen fühlt, seine vermieteten Immobilien »seit ein paar Jahren« offiziell anzugeben. Davor, so schien es, nicht ... (Sollte ein gewissenhafter Steuerprüfer – so diese Spezies existieren sollte – den vorgenannten Passus lesen, werde ich sagen, den Bankdirektor gebe es nicht, und alles sei frei erfunden).

Betrügereien, Vorteilsnahme, Geldwäsche, Korruption – in Spanien ist das vertrauter Alltag, in dem klassische Wege das Vorgehen ebnen. »*Con el dinero en la mano, el monte se hace llano*«, lautet ein schöner, treffender Reim. Will heißen: Mit Geld in der Hand lässt sich jeder Berg flach machen.

Typisches Häuschen für den Verkauf von Losen der spanischen Blindenlotterie *Once* – hier kauft man sein Zukunftsglück, so der Glaube vieler.

Einer Studie zufolge sehen es dreißig Prozent befragter Führungskräfte aus der Wirtschaft als positiv, Geschäfte mit Bestechung zu unterfüttern. Über das geläufige Einerlei aus Markenuhren, Fernsehern, Designertaschen, Schmuck und Arrangements von Segeltörns hinaus ist bei kleineren Gefälligkeiten unter Empfängern im Übrigen *jamón serrano* gefragt, Spaniens luftgetrockneter Schinken, vorzugsweise die teure Variante *pata negra*, eine Keule vom schwarzen Iberischen Schwein mit bestem Eichelaroma.

Apropos Schwein haben. Um sich von altvertrauten Pfaden zu lösen, verlangt Steuerschwindel gleichermaßen nach innovativen Ansätzen. Ein Städtebaubeauftragter aus Andalusien hatte einen Gedankenblitz, wie sich das gehortete Schwarzkapital seiner Familie waschen ließ. Er kaufte prämiierte Lotterielose, bevor deren glückliche Besitzer sie offiziell einlösten, und köderte sie mit einer Bonuszahlung. Eine strategische Meisterleistung, die er auf Fußballtoto und diverse Lottospiele wie jenem der Blindenlotterie *Once* verteilte. Nun hatten andere den Schwarzen Peter des Dunkelgelds, während er selbst zum Gewinner großer Lose avancierte und die Gelder legal und steuersparend einstrich. Innerhalb eines halben Jahres stand ihm das Schicksal in geballter Form gleich fünfmal bei, die überraschenden Gewinne gingen in die Hunderttausende.

Dass der Glückspilz die Strategie auf Druck von außen letztlich vor Gericht zugeben musste, zeigt allerdings, dass selbst in Spanien die Gunst von Fortuna nicht beliebig strapazierbar ist.

# Der letzte Dreck darf frisch gekauft sein

*Bislang ist Deutschland Mülltrennungsweltmeister,*
*doch Spanien droht ernsthaft, den Titel streitig zu machen.*
*Kein Wunder, wenn mit schmutzigen Tricks gespielt wird.*

Die Spanier haben im Laufe ihrer Geschichte vielen Völkern vieles streitig gemacht: im Mittelalter den Mauren die Vorherrschaft auf eigenem iberischem Boden, später fern der Heimat den Hochkulturen der Maya und Inka die Gold- und Silberschätze, den Menschen in Nordafrika zwei Kleinstücke Land in bis heute bestehender Exklavenform von Ceuta und Melilla sowie hoch gehandelten Favoriten wie Italien und Brasilien die Fußballweltmeisterschaft, was auch Deutschland tief ins Mark getroffen hat. Selbst im Tennis, Handball, Basketball und der Formel eins haben schon Spanier an der Weltspitze gestanden, ganz abgesehen davon, dass sie ungerechtfertigterweise Mallorca für sich beanspruchen, obwohl die Baleareninsel streng genommen als siebzehntes Bundesland zu Deutschland gerechnet werden müsste.

Seinerseits hat Deutschland zumindest ein Privileg bislang erfolgreich verteidigt: Mülltrennungsweltmeister zu sein. Doch von Spanien her geht akut Bedrohung aus!

Seit einigen Jahren hat sich ein rasender Fortschritt vollzogen, den niemand für möglich gehalten hätte. Spanier sind zunehmend umweltbewusster geworden, Spanier trennen mehr oder minder säuberlich ihren Müll, mittlerweile gibt es mancherorts auf den Straßen statt Sammelcontainern oder Tonnen separate Einwurfvorrichtungen mit Klappverschlüssen, durch die Plastik, Papier, Organisches und Restmüll der pneumatischen Abfallentsorgung zugeführt werden, die unterirdisch funktioniert (*falls* sie nach der neuesten Reparatur wieder funktioniert). Und alle paar Tage ist unter meinem Fenster unüberhörbar, dass der Flaschencontainer unter Brechung aller Dezibelnormen geleert wird, das letzte Mal gestern während der Sonntagnachmittagsruhe.

Dass der Typus des freiwillig entmüllenden Spaniers international mehr und mehr Vorbildcharakter bekommt und für uns Deutsche die Dominanz als Mülltrennungsweltmeister im Eimer sein könnte, erfüllt mich mit

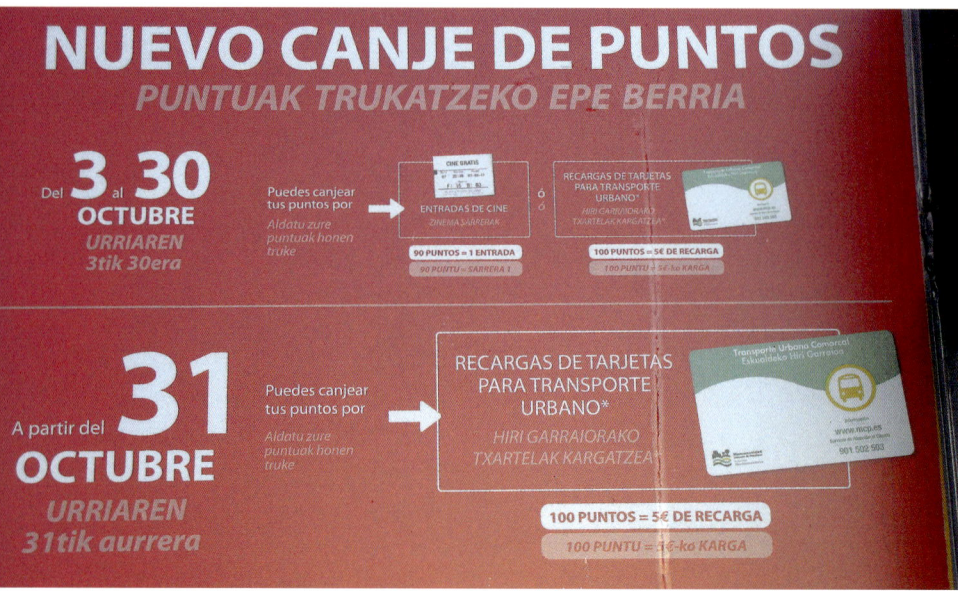

Weiß auf Rot, dazu auf Spanisch und Baskisch, erhalten Müllwegbringer an diesem Container in Pamplona Aufschluss, was es umsonst gibt – diese künstliche Umweltinitiative mit Geschenken stößt selbst manchen Spaniern sauer auf.

Sorge, zumal übelste Tricks hineinspielen, wie ich in jüngster Vergangenheit öfter beobachten konnte.

Stellen Sie sich vor: Auf einem Platz in der Stadt ist ein Megarecyclingcontainer aufgestellt worden. Der Container verfügt über unterschiedliche Einführlöcher für Dosen, Plastik, Batterien. So weit, so gut, wobei ich niemanden gesehen habe, der in der mit *Móviles* überschriebenen Sonderöffnung ausrangierte Mobiltelefone entsorgt (obwohl laut Magazin *Muy interesante* alljährlich in Spanien eine schier unglaubliche Zahl von bis zu 20 Millionen Althandys in den Müll wandern soll!). Verdächtig erscheint Außenstehenden wie mir bereits die Schlange, die sich vor dem Megacontainer zu bilden pflegt. Menschen, die brav und drängelfrei anstehen, was keineswegs spanischer Lebensart entspricht. Menschen, die samt Kinderwagen im ganzen Familienverbund anrücken. Menschen mit mehreren vollen Müllsäcken zwischen und neben sich, erfüllt mit Vorfreude und in lockere Gespräche mit den Mitanstehern vertieft. Ob alles mit rechten Dingen zugeht?

Natürlich nicht. Warum Müllwegbringen hier zum gesellschaftlichen Event avanciert, die Schlange so lang und jeder so lange braucht, bis er fertig ist, lässt sich einfach erklären. Es gibt etwas umsonst! Für den Einwurf eines einzelnen Objekts einen Punkt. Neunzig Punkte bedeuten freien Kinoeintritt. Hundert Punkte erlauben, sich eine Chipkarte für den öffentlichen Nahverkehr im Wert von fünf Euro aufzuladen.

Zeitungsleserbriefschreiberinnen wie Cristina L. stößt eine solch künst-

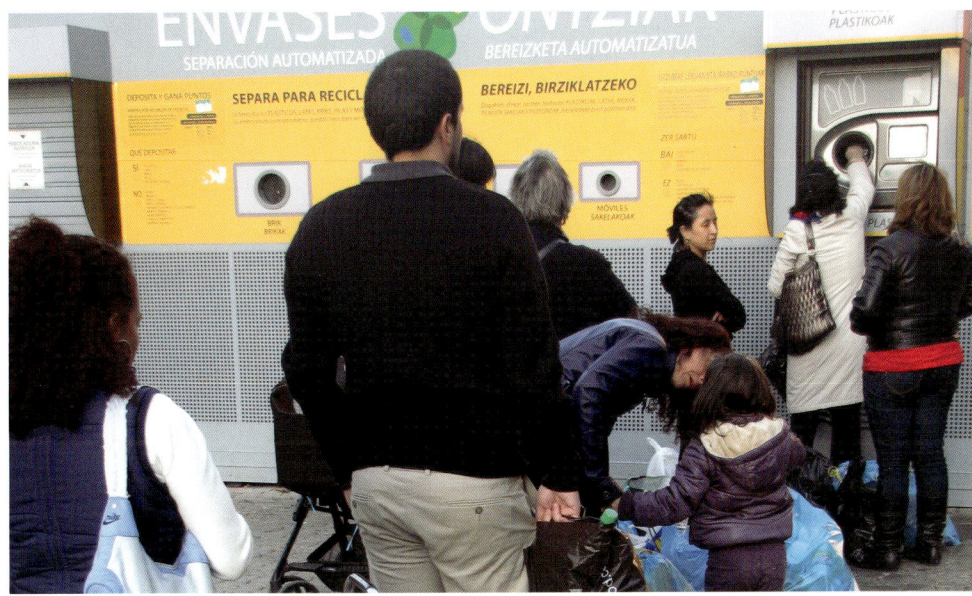

Bitte hinten anstellen: Menschenauflauf an den Einwurflöchern des Megamüllcontainers: Kein Wunder, wenn es etwas umsonst gibt!

liche Erziehungsinitiative der öffentlichen Hand sauer auf: »Ich finde es einfach bedenklich, dass man den Leuten auf Kosten der Steuerzahler mit diesen Geschenkmaschinen etwas im Tausch gegen ihren Abfall anbietet. Im Sinne unserer aller Umwelt müsste die getrennte Entsorgung selbstverständlich sein.«

Das, liebe Cristina, ist daran leider nicht das Bedenklichste. Fragwürdiger ist die ultimative Finesse bei der Gutscheingewinnung. Getreu dem Motto, nicht immer nur den letzten Dreck dem Recycling zuführen zu müssen, decken sich die listigsten Müllentsorger in Supermärkten und Chinaläden stapelweise mit billigen, brandneuen Plastiktrinkbechern in Fünfzigerstapeln ein. Statt die Behältnisse zu benutzen, zum Beispiel, um daraus zu trinken, steuert man geradewegs den nächsten Megacontainer an. Wirft man Becher für Becher ein, kostet das zwar Zeit, gibt aber jeweils einen Punkt und ist unter dem Strich billiger als Kino- oder Bustickets ...

Ich fürchte, dass Spanien unter diesen Vorzeichen Deutschland in Kürze vom Thron des Mülltrennungsweltmeisters stoßen wird. Bleibt aus deutscher Sicht die Hoffnung, auf Dauer wenigstens den Titel des Müllvermeidungsweltmeisters zu verteidigen. Aus Spanien scheint keine Gefahr im Verzug zu sein, denn auf die Idee, ein landesweites Pfandflaschensystem einzuführen, ist noch niemand gekommen. Ganz zu schweigen vom Dosenpfandwahn.

# Mein Besuch beim toten Diktator

*Wie eine unverblümte Verherrlichung des Faschismus
die Zeiten überdauert hat, ist mir ein Rätsel,
doch Spanien zeigt sich bei der Bewältigung
seiner Vergangenheit relativ schmerzfrei.*

»Heil, Franco! Werter Altdiktator, ich möchte Ihnen herzlichst zum anstehenden 20. November gratulieren, dem Tag Ihres Todes, denn der war zweifellos der beste in Ihrem Dasein. Zu Lebzeiten umgaben Sie sich mit dem Ruf des *Generalíssimo*, des ›großen Generals‹, und des ›Führers‹, *Caudillo*, obgleich der Weltruhm anderer Führergestalten für Sie unerreicht blieb. Ganz so viele Unschuldige wanderten während der unnützen Jahrzehnte Ihres Wirkens nicht ins Grab, nun stehe ich an Ihrem, verachtungsvoll, A. D.«

Diesen Kurzbrief hätte ich gerne vor Ort deponiert, doch in der Kirche, in der Francisco Franco ruht, gab es leider kein Kästchen für fromme Wünsche und Gebetsanliegen. Was schreibe ich: Kirche? Nein, Kirche ist untertrieben. Wer solange an der Spitze eines Staates gestanden hatte – begonnen mit dem Spanischen Bürgerkrieg 1936-39 und geendet 1975 unter Medizinschläuchen als knapp 83-jähriger Bettnässer –, durfte sich bei der letzten Ruhe nicht mit einem landläufigen Gotteshaus zufrieden geben.

Einen treffenden Rahmen bot in der Sierra de Guadarrama die Basilika des »Nationalmonuments des Heiligen Kreuzes des Tals der Gefallenen«, *Monumento Nacional de la Santa Cruz del Valle de los Caídos*. Besuchern mit dem Herz am rechten Fleck schlägt selbiges heute noch höher, denn nicht nur Franco liegt dort begraben, sondern auch José Antonio Primo de Rivera (1903-36), der Gründer der faschistischen *Falange Española*, eine Partei, die vorsah, die alte Weltmacht Spanien erneut auf Vordermann zu bringen, dem Katholizismus ein Maximum an Einfluss zu garantieren und die »eine grenzenlose Bewunderung militärischer Werte« pflegte, so die Historiker Walther L. Bernecker und Horst Pietschmann in ihrem Standardwerk *Geschichte Spaniens*.

1940 von Franco selbst dekretiert und 1959 eingeweiht, stand hinter dem *Valle de los Caídos* – so die gängige Kurzform – der Gedanke, ein

Memorial für die Gefallenen des Bürgerkrieges zu errichten. Natürlich für jene Kämpfer, die auf rechter Vaterlandsseite den Tod gefunden hatten, wofür von links Heerscharen an überlebenden »politischen Gefangenen« zur Zwangsarbeit herangezogen wurden. Nichts war zu teuer, nichts konnte gigantisch genug werden: die Basilika, die Bogenvorbauten, die granitenen Freitreppen, die für den zackigen Stiefelauf-

Ein Besuch im *Valle de los Caídos*, dem »Tal der Gefallenen«, lässt rechte Herzen höher schlagen – hier liegt der alte Diktator Francisco Franco begraben.

marsch geeigneten Esplanaden und das 150 Meter hohe »Heilige Kreuz« samt symbolisierten Kardinaltugenden an der Basis, darunter ein Sinnbild der Gerechtigkeit. Wem das bereits abnorm vorkommt, der hat noch nicht die Benediktiner des hiesigen Klosters gesehen, die im überkuppelten Altarraum beim Franco-Grab unverändert Messe feiern und wie Gralshüter wirken ...

Die waldreiche Bergidylle und Spaniens größtes ideologisches Schandmal eint ein surrealer Bund aus Natur und Architektur. Das Areal sei ein »Symbol des Friedens«, höhnt es ernsthaft von einer Infotafel. Um die Kluft der vormaligen Kriegsgegner zu kaschieren, wurden im »Tal der Gefallenen« außer Nationalisten letztlich auch Reste von Republikanhängern beigesetzt. Über 33.000 Menschen lagern, teils unidentifiziert und durchmischt, in den Ossarien.

Eine Fahrstunde nordwestlich von Madrid habe ich die kilometerlange Straße ins *Valle de los Caídos* erreicht, die Eingangskontrolle passiert, aus der Ferne das kolossale Kreuz hoch über dem Eingang zur Basilika ausgemacht. Befremdet durchstreife ich nun deren Inneres, tief in den Fels getrieben, einer Riesenröhre gleich, über 260 Meter lang, aufreizend großspurig, streng, flankiert von Kapellen, Alabasterreliefs, Wandteppichen, Engelsskulpturen, Leuchtern. Auf dem schwarzen Marmorboden reflektieren die Lichter, der Zugang zur Sakristei wirkt düster wie die gesamte Geschichte.

Nach Ende der Zeremonie der Benediktiner, die sich heute vor einem verlorenen Häuflein abgespielt hat, trete ich nah an die Ruhestätten heran. Primo de Rivera gibt sich wie ein vertrauter Duzkamerad. »José Antonio«, nichts weiter als die Vornamen stehen auf seiner Bodengrabplatte. »Nach ihm sind in den Vierziger und Fünfziger Jahren viele Jungen in Spanien benannt worden«, raunt mir auf einmal ein älterer Mann zu, ehe er »Es ist einfach wunderbar hier« flüstert, allerdings mehr zu sich selbst. Auf José Antonios Grab liegt gleichermaßen ein frisches Blumengebinde wie auf jenem von Franco. Dass beide justament am 20. November das Jenseits betraten, mag als ironisches Detail der Historie durchgehen, doch dass beide Namensgeber dubioser Stiftungen sind, die wie selbstverständlich durch Spaniens Gesellschaft geistern, lässt auf Einflüsse Ewiggestriger im Hier und Heute schließen.

Die Wachleute sind außer Sicht, Film- und Fotoaufnahmen streng untersagt. Diese Kombination fordert heraus, sich mit ein paar fotografischen Hüftschüssen zu verabschieden und in stiller Zweisamkeit mit Franco zu zeigen, was man von Verboten in Gegenwart eines verblichenen Tyrannen und Menschenschinders hält.

Wie das *Valle de los Caídos* als gewichtiges Stück Faschismusverherrlichung und ureigenes Denkmal der Bürgerkriegssieger die Zeiten überdauert hat, bleibt mir ein Rätsel, doch Spanien zeigt sich bei der Bewältigung seiner Vergangenheit vergleichsweise schmerzfrei. »Mir persönlich ist das egal, und so geht es vielen Spaniern«, urteilt meine spanische Frau zur Grabstätte Francos und erklärt das Thema für abgehakt.

In Madrid gibt es zwar eine »Vereinigung zur Wiedergewinnung der Historischen Erinnerung«, *Asociación para la Recuperación de la Memoria Histórica*, die das Memorial als Zynismus gegenüber der Opfer des *Franquismo* anprangert und sein Ende herbeisehnt, und es haben sich vereinzelte Stimmen dafür stark gemacht, das Gelände in eine Gedenkstätte zu verwandeln und den Diktator auf ewig aus

Das Franco-Grab

seinem Mausoleum zu verbannen, doch bislang hat es am Ende immer geheißen: Franco bleibt da, wo er ist, basta. Dabei würde den alten Knochen ein wenig frische Luft sicher gut tun.

**P.S.** Jesús, mein Schwiegervater, hat zwischenzeitlich ein Verkaufsangebot jahrzehntealter Weinflaschen aus der Rioja ins Internet gestellt. Zu seinen Schätzen zählen Sammlerstücke der *Bodegas Franco-Españolas*, was – in diesem Zusammenhang auch für Spanier deutlich – »Französisch-Spanische Weinkellereien« bedeutet. Gleichwohl erreichte Jesús die Anfrage eines Interessenten, der Franco mit Franco gleichsetzte und eine Abnahme in Aussicht stellte, vorausgesetzt, das Konterfei des großen Generals sei klar und deutlich auf den Flaschenetiketten zu sehen.

Der Anrufer bei Jesús dürfte sich bei der leicht rechtsgerichteten Zeitung *La Gaceta* bestens aufgehoben fühlen. Pünktlich zu Francos Geburtstag offerierte sie der Leserschaft per ganzseitiger Annonce ein Miniaturstandbild des Diktators hoch zu Ross. Alles in Bronze, Maße 33 x 25 x 12 Zentimeter. Schade, dass ich erst im Nachhinein davon erfuhr, um Franco in meine exklusive Sammlung historischer Persönlichkeiten einzureihen. Hoffentlich kann ich ihn irgendwo nachkaufen und zwischen Stalin, Hitler, Mussolini, Pol Pot, Pinochet und Mao auf einen Kerzenaltar im Gästeklo stellen.

# Ein ungewollter Hausbesuch und die »Belegung öffentlichen Grunds«

*Versteckspiel und Ausflüchte haben
diesmal nichts geholfen, unsere Hausgemeinschaft
ist von der eigenen Stadtverwaltung angezeigt worden.*

Fernando, der Verwalter unseres Mehrparteienhauses, in dem er selber mit seiner Familie lebt, ist ein Vorbildnachbar und ein Gemütsmensch alten Schlags, den nicht einmal Mahnschreiben von Behörden aus der Ruhe bringen können. Sorgsam heftet er sie ab und folgt dem spanischen Prinzip, entweder gar nicht zu reagieren, die Angelegenheit unter fadenscheinigen Gründen hinauszuzögern oder die Zuständigen untereinander auszuspielen. Als vor Jahren mehrfach angedroht wurde, in unserem Altbau den antiquierten Aufzug aus Sicherheitsgründen zu sperren, warf er papierne Nebelbomben in mehrere Richtungen und hatte einen solch langen Atem, bis in den Ämtern die Sachbearbeiter ausgewechselt und die Erinnerungen an Fristen und Mahnungen erloschen waren.

Einmal war die Kreativabteilung seiner Schlitzohrigkeit besonders gefragt, als eine Inspektion die seit langem leer stehende Wohnung seines Onkels, zu der er einen Schlüssel und autorisierten Zutritt besaß, in Augenschein nahm. Im Laufe des Rundgangs konnte Fernando an einer bestimmten Stelle bedauerlicherweise den Lichtschalter nicht finden. So bewahrte er die Kommission vor dem schrecklichen Anblick des winzigen, nachtschwarzen Innenhofs, der fast flächendeckend von einem Relikt eingenommen wurde, das einst an dieser Stelle normal, aber nunmehr illegal war: einem Abort.

Da nicht alles im Leben gut ausgehen kann, ist es nun für unsere Hausgemeinschaft Ernst geworden. Nach zwei erfolglosen Warnbriefen erstattete die Stadtverwaltung Anzeige, als hätten wir ein Delikt begangen. Da unser Rathaus mit dem kumpelhaften Slogan wirbt, die Stadt, das seien wir alle, entsprach das Ganze – streng genommen – einer Selbstanzeige. Kurz der Grund: Teile unserer Hausfassade müssen dringend renoviert werden, wogegen im Prinzip nichts einzuwenden ist, da zwei Regenablaufrohren aus Altersgründen die Mittelstücke abhanden gekommen sind und einige Balkonabstützungen gelegentlich Steinchen und Verputzteile absondern, die für die Schädeldecken des ortsansässigen *Homo sapiens* eine potenzielle Bedrohung darstellen.

Die Anzeige ließ Fernando nicht auf sich und uns sitzen. Er legte Protest ein und rang der Stadt eine letzte Gnadenfrist ab. Kämen wir dieser nicht nach, beauftrage die Verwaltung selbsttätig einen Bauunternehmer und stelle uns die Kosten plus dreißig Prozent Bearbeitungsgebühr in Rechnung, hieß es. In diesem Fall würden uns außerdem die bereits bewilligten Zuschüsse für den neuen Aufzug gestrichen, wobei selbst Fernando keine schlüssige Antwort geben kann, was das eine mit dem anderen zu tun hat. Also: Pistole auf die Brust, zuerst die Fassadenrenovierung, dann der Aufzug. Falls keine zuschussfreie Fassadenrenovierung, dann keine Subvention für den Aufzug. Landläufig entspricht das dem Terminus »Erpressung«, vermute ich. Im selben Atemzug teilte die Stadt mit, dass die Bewohner unseres Hauses einem Verwaltungsmitarbeiter bei einem Besuchstermin die Türen zu öffnen hätten, damit dieser im Zuge des Gesamtvorgangs eine offizielle »Bewohnbarkeitsbescheinigung«, *cédula de habitabilidad*, ausstellen konnte. Das »Warum« für ein solches Zertifikat blieb ungeklärt, und dass wir das Haus nachweislich bewohnten, reichte als Bewohnbarkeitsnachweis leider nicht aus. Alles hatte den neuesten Bestimmungen zu entsprechen.

Fernando, der stets einen seriösen Eindruck macht und gerne Anzug trägt, legte den Termin des Besuchs auf Freitagmittag, dreizehn Uhr. Ob es nicht an einem anderen Wochentag oder früher am Morgen ginge, fragte man unseren Verwalter. Nein, unmöglich, gab er glaubhaft zurück und führte diverse Abwesenheiten von Berufstätigen an.

Freitagmittag, dreizehn Uhr, ist so ziemlich die kritischste Stunde, die sich ein Stadtbediensteter für einen Außentermin vorstellen kann, zumal jener Freitag einem bis Dienstag verlängerten Wochenende vorausging. So verlief alles rasend schnell. Der ungewollte Hausbesuch gab sich bei uns mit einem Aufenthalt von höchstens drei Minuten zufrieden und machte sich für die zu erteilende »Bewohnbarkeitsbescheinigung« nicht einmal Notizen. Und das, was Fernando und ich ausgeklügelt hatten, mit einer minutiösen Abfolge an Finten zu verbergen, wurde nicht im Entferntesten zu öffnen verlangt. Nach dem Besuch waren wir irgendwie enttäuscht, aber auch erleichtert.

Nun steht uns in Kürze das übliche Konglomerat aus Gerüstbau, Lärm und Ausgaben ins Haus, wobei – das wissen wir seit der schmerzlichen Erfahrung einer Renovierung vor Jahren – ein Teil des Geldes unserer Stadtverwaltung zufließen wird: als »Belegung öffentlichen Grunds« für die Baugerüste, ganz so, als würden wir eine Zeitlang ein Terrassencafé

betreiben.

# Krach um den Lärm

*Die Spanier waren einst so, doch sie sind es*
*nicht mehr: komplett gegen Lärm resistent. Heute*
*rollen Beschwerdewellen, obgleich die Niederungen*
*deutschen Streitniveaus um die Schließzeiten*
*von Biergärten noch außer Reichweite sind.*

»Wegen Lärms geschlossen.« – In Spanien hätte ich diese Zeitungsschlagzeile vormals für unvorstellbar gehalten. Noch weniger beim Streitfall um eine neue, öffentliche Multifunktionshalle. Diese war zwar überdacht, aber zu den Seiten hin offen. Ein tückischer Planungsfehler. Der Stimmenhall von Freizeitsportlern, Konzerte und animalische Nacht-Arien der Dorfjugend nach Massenbesäufnissen unter dem Hallendach drangen ein Stück weiter einer Halbdutzendschaft Familien des Ortes Artica so ungebremst in die Gehörgänge, dass sie alles andere als gute Vibrationen zu spüren bekamen.

Trotz erster Beschwerden bei der Gemeinde und Dezibelmessungen, die das gesetzlich vorgesehene Höchstmaß um Längen übertrafen, stellten sich die Rathausoberen taub. Unterfüttert durch psychologische Behandlungen und endlose Anrufe bei den Sicherheitskräften, um den Ruhestörungen ein Ende zu bereiten, zogen die Anwohner gemeinschaftlich vor Gericht und bekamen Recht. Nun ist die 1,2-Euromillionen-Halle mit polizeilichem Absperrband umwickelt ...

»*Tourist respect Portuguese silence or go to Spain*« – dieses Graffito, vor Jahren in Portugals Hauptstadt Lissabon bemerkt, ist mir unvergesslich geblieben. Da hatte jemand ein profundes Verständnis für die Unterschiede in Kulturkreisen versprüht. Südländisch heißt halt nicht immer laut – im Falle Spanien schon. Seit meinen frühesten Begegnungen mit dem Land schienen dessen Bewohner gegen jedwede Art von Geräuschentfaltungen immun zu sein. Der Boden wurde in der nach oben hin offenen iberischen Dezibelskala erschüttert, und das nicht nur in Granada bei meinem Erstkontakt mit dem Flamenco, als sich ein Sänger, der den Künstlernamen *Juan Terremoto*, »Johannes Erdbeben«, trug, die Seele aus dem Leib schmetterte. Auch außerhalb der Flamencohöhle galten Lärmpegelhöchststände als normal, da Spanier sie nicht als belastend empfanden oder grenzenlos Toleranz walten ließen.

Alles Geschichte! Heute frage ich mich: Das gute alte lärmende Spanien, wo steuert es hin? Was sind Spanier für Sensibelchen geworden, nur, weil der Nachbar von oben wie immer sein Schlagzeug malträtiert, die schwerhörige Nachbarin von unten das Fernsehgerät für den Klogang lauter stellt, um bei der Sitzung nichts zu verpassen, und die Bewohner von nebenan im Sommer eine Klimaanlage aus der Steinzeit rotieren lassen. Und wie wird es in Zukunft um die Mixtur aus

Flamencotänzerinnen sind keine Leisetreter. Schlecht, wenn diese in der Nachbarschaft vor dem Auftritt noch rasch ein paar Schrittfolgen einüben müssen ...

Gesprächs- und Musikfetzen bestellt sein, die sich abends in Kneipengassen und auf Stadtplätzen zum akustischen Tsunami aufbaut? Ist dieses Stück Lebensart wirklich so unumstößlich, wie ich es einst eingeschätzt hätte?

Klagen gegen störende Lautstärke sind zum letzten Schrei geworden, der Krach um den Lärm greift um sich. Fragen Sie nur einmal die Pianistin aus dem katalanischen Puigcerdà, für die der Staatsanwalt eine siebeneinhalbjährige Haftstrafe und Schmerzensgeld in fünfstelliger Höhe forderte. Ungeachtet der Beschwerden von Nachbarn und der Auflagen des Rathauses, eine Schallisolierung anzubringen, hatte sie in der hellhörigen Wohnung der Eltern ihre Vierzig-Stunden-Woche an Übungseinheiten über Jahre fortgesetzt und einer Hausbewohnerin Psycho-Schäden zugefügt.

Mittlerweile gibt es alljährlich im April am »Internationalen Tag gegen Lärm« spanienweit Veranstaltungen mit Aufklärungscharakter. Und Schätzungen für manche Städte besagen, dass in Wohngegenden jeder Zehnte einen Lärm erträgt, der im Schnitt über jenem Limit liegt, das die Weltgesundheitsorganisation als Maßstab vorgibt. In den wenigsten Fällen dürfte er von akustischer Verschmutzung durch Klavierspiel herrühren, trotzdem: Weiterer Mentalitätswandel und Konflikte scheinen vorprogrammiert ...

»Kann ich denn überhaupt gegen das eigene Rathaus vorgehen?«, stellte eine Frau aus Barcelona in einem Internetforum zur Debatte, regelmäßig in die Verzweiflung getrieben durch städtische Müllwagen, die sie des Nachts aus der Tiefschlafphase rissen.

Antwort: aber sicher, nur Mut! Für Spaniens Gesetzgeber, die ständig höhere Bürgerpflichten und Abgaben einfordern, war nicht vorauszusehen, dass ihre Untergebenen einmal ernsthaft mündig werden, Hemmschwellen überwinden und selber auf Einhaltung der erlassenen Lärmschutzvorschriften pochen könnten. Ein Bumerangeffekt, der Beschwerdelawinen ausgelöst und bereits zum minutengenauen Ende von Freiluftkonzerten und Bestrafungen von Kneipiers geführt hat, die der Schallisolierung in ihren Räumen nicht nachkamen oder Gäste auf Terrassen nach der Sperrstunde weiterbedienten. Wer Rechtsbeistand sucht, stößt schnell auf die *Asociación Española Juristas contra el Ruido*, die »Spanische Juristenvereinigung gegen den Lärm«, die davon lebt, dass – und da bekommt man es mit dem typischen Stolz und Trotz des *Gemeinen Homo ibericus* zu tun – die Geräuschquellen natürlich nicht versiegt sind.

Ich persönlich empfinde weder Straßenkehrmaschinen nach Mitternacht, noch Glockentänzer, die selbst bei niedersten Feieranlässen mit angebundenen Viehglocken auf dem Rücken durch unsere Straße vibrieren, als Wohltat – habe mich aber bislang nicht beschwert. Spanische *Hardcore*-Protestler hingegen nehmen neuerdings zunehmend Kirchenglocken als Dorn im Ohr wahr, was wiederum Kleriker erbost, die auf Einhaltung der Traditionen pochen. Sieht man von nachweislich überschrittenen Dezibelgrenzen durch das Geläut ab, stellt sich unabhängig davon die Frage, was das ganze penetrante Getöse nutzt, wenn ohnehin kaum jemand mehr dem Ruf zur Messe folgt.

Zu Widerstand gegen die Initiative von Widerständlern ist es im Städtchen Tudela gekommen, wo sich beim Patronatsfest – allerdings letztlich erfolglos – eine Jugendfront gegen die neuesten Lärmschutzvorschriften bildete, einhergehend mit der Schließung der Kneipen: am Wochenende nicht mehr um halb fünf in der Früh, sondern vorgezogen auf drei Uhr. Behördlicherseits wurde so den Nichtfeiernden ein Teilanspruch auf Nachtruhe garantiert.

Tröstlich stimmt, dass es Spanien nicht mit deutschen Verbotsdimensionen aufnehmen kann. Hierzulande habe ich von keinem Biergarten gehört, der um zehn Uhr abends zusperren muss. Ebenso wenig kenne ich eine Vorschrift, die penetranten Schnarchern in Pilgerherbergen am Jakobsweg bei Überschreitung der Dezibel mit dem Verweis aus dem Schlafsaal droht. Aber was nicht ist, kann ja noch kommen.

# Quadratkopftum

*Krankhafte Pedanterie habe ich vormals*
*als unantastbares Vorrecht der Deutschen gesehen.*
*Heute können es die Spanier damit aufnehmen,*
*wie ein paar unglaublich wahre Geschichten zeigen.*

Quadratköpfe, *cabezas cuadradas*, sagen Spanier uns Deutschen nach, wenn sie im Zuge des bilateralen Transports von Vorurteilen wieder einmal eine typisch teutonische Wesensart genervt hat: Hyperkorrektheit, verzahnt mit Besserwisserei, Beschwerdewahn und Verbohrtheit, bis die allerletzte Unwesentlichkeit ausdiskutiert und unter Inaugenscheinnahme der gültigen Gesetzeslage aus der Welt geräumt ist. Selbstverständlich haben die Spanier Recht, übersehen aber dabei, dass auch ihr behaartes Rundhaupt, das bei manchen einzig dazu dient, Torerokappen zu tragen, mittlerweile in bedrohlichem Ausmaß die Form des Eckigen angenommen hat ...

Den Einbruch des Kleinlichkeitsdenkens in die südländische Mentalität hätte ich vormals nie für möglich gehalten, doch er ist irreparabel erfolgt und braucht sich nicht mehr vor dem einst übermächtig scheinenden Deutschland zu verstecken. Falls Sie mir nicht glauben: Fragen Sie bei den Theatermachern des *Teatre Arteria Paral.lel* in Barcelona nach, die es während der Aufführungszeit ihrer Produktion *Hair* mit dem drehbuchreifen Intermezzo eines Zuschauers zu tun bekamen. Ob der Besucher nicht ahnte, was ihn bei *Hair* erwartete? Ob er unwissend war wie mein Großvater, der, so hat es die Familienlegende kolportiert, wenige Jahre nach Ende des Zweiten Weltkriegs in den Kinofilm *Der dritte Mann* ging? Der schauspielerischen Glanzleistung von Orson Welles und den fesselnden Verfolgungsszenen durch Abwasserkanäle zum Trotz, verließ Opa Drouve den Saal am Ende enttäuscht, weil seine Vorfreude nicht erfüllt wurde. Auf der Leinwand ging es um Schieberei mit gestrecktem Penicillin im besetzten Wien der Nachkriegszeit, gerechnet hatte Großvater mit einem Streifen über Skatbrüder.

Ebenfalls zur Erinnerung: *Hair* ist kein PR-Singspiel der Friseurinnung, sondern ein Rockmusical, das zur Hippiezeit spielt. Mit Protesten gegen Krieg und Establishment, freien Triebentfaltungen, Drogenrausch. Im *Teatre Arteria Paral.lel* zeigte sich ein Zuschauer plötzlich schockiert. Er fand bei *Hair* das Haar in der Suppe und prangerte einen Verstoß gegen geltendes Recht an: Die Schauspieler auf der Bühne rauchten, womöglich sogar *Joints*! Aber war nicht Rauchen im Theater, wie auch in anderen öffentlichen Einrichtungen des Landes, ausdrücklich verboten? Folgerichtig erstattete der Spanier Anzeige gegen das Theater, das sich fortan mit der Polizei und einem Schreiben des Barceloner Gesundheitsamtes konfrontiert sah. Sollte im Theater das Rauchen weiter gestattet bleiben, hieß es, würde wegen Vergehens gegen das Antitabakgesetz eine drakonische Geldstrafe ausgesprochen. Dabei spielte keine Rolle, dass, wie der Regisseur vor der Presse im Schockzustand anführte, die Akteure aus Rücksicht auf ihre eigene Gesundheit und die des Publikums extra *keinen* Tabak, sondern eine Mixtur aus getrockneten Kräutern und Nussbaumblättern schmauchten. Wenn das so weitergehe, würden demnächst sogar »noch Filme verboten, in denen geraucht wird«, und aus alten Streifen würde »Humphrey Bogart mit der Zigarre« geschnitten, lamentierte er. Um den angedrohten Sanktionen zu entgehen, schien es gleichwohl ratsam, im *Teatre Arteria Paral.lel* einzelne Passagen in *Hair* leicht abzuändern ...

Ebenso wenig Gnade vor der freien Entfaltung von Kunst kannte die Nationale Verkehrsbehörde, *Dirección General de Tráfico*. Spitzfindig stießen deren Nichtsnutze auf ein landesweit verbreitetes Filmankündigungsplakat, das die Hollywoodstars Tom Hanks und Julia Roberts in rauschender Fahrt auf einem motorgetriebenen Zweirad zeigte – beide ohne Helm. Darin sahen die Hüter über Spaniens Straßensicherheit einen Verstoß gegen einen Passus aus dem Verkehrsgesetz. Dieser untersagt »in Verbindung mit motorgetriebenen Fahrzeugen« jedwede Art von Werbung, die in irgendeiner Weise – »schriftlich oder mündlich, in ihren akustischen Elementen oder in ihren Bildern« – zu überhöhter Geschwindigkeit anleite, Gefahrensituationen heraufbeschwöre oder »verwegene Verhaltensweisen« fördere. Der letztgenannte Punkt war der springende, da zu befürchten stand, jeder Spanier könnte im Zuge des Nachahmungseffekts bald wieder tollkühn und helmlos auf motorgetriebenen Zweirädern unterwegs sein. Da sich niemand der Paragrafenreiter der Mühe unterzog, Tom Hanks und Julia Roberts auf dem Klageweg persönlich zu kontaktieren, überstellte man einfacherhalber dem spanischen Verleih des US-Films einen Strafzettel über: 30.000 Euro.

Diese Zahl war gleichwohl *Peanuts* im Vergleich zu jener, der mehrere hundert Rentner aus der Provinz Valencia für ein bestialisch kriminelles Vergehen im Kollektiv entgegensahen. Die 76- bis 92-jährigen gehörten einem Großfreundeskreis an, der sein Standquartier im Städtchen Sagunt unterhielt. Dort trafen sie sich wie immer nach der Siesta und verbrachten ihre Freizeit mit Kartenspielen und Bingo, bei dem sie gerne Zehn- und Zwanzig-Eurocentmünzen einsetzten. Die kleinen Gewinne, die in die Gemeinschaftskasse flossen, kamen der Pflege und den Nebenkosten für ihren Stammsitz zugute. Auch für Katastrophengebiete in armen Ländern hatten sie schon aus ihrem Fundus gespendet.

Wer den Sicherheitskräften letztlich den heißen Tipp gab, blieb unklar, doch eines Nachmittags stürmte eine Polizeieinheit in den Rentnertreff, unterband die Praxis des »illegalen Glücksspiels« und nahm zu Protokoll, dass hier »Wetteinsätze in einem nicht dafür autorisierten Lokal« getätigt wurden. Vorgesehenes Strafmaß: bis zu 600.000 Euro ...

Unglaublich wahr ist auch die Geschichte einer Frau aus Südspanien, die den Versuch unternahm, einen der Drei Weisen aus dem Morgenland wegen Körperverletzung zu verklagen. »König Balthasar« hochselbst soll es gewesen sein, der sie beim Dreikönigsumzug in der andalusischen Provinzhauptstadt Huelva von einem Festwagen aus mit einem Bonbonwurf am Auge verletzt hatte. Ein gutes Jahr nach dem verhängnisvollen Vorfall stufte der Amtsrichter Bonbonwürfe bei Dreikönigsumzügen nicht nur als »hinnehmbare Risiken« für die am Straßenrand befindlichen Zuschauer ein, sondern gab zu bedenken, ob es sich in der Tat um »König Balthasar« handelte, wie in der Anzeige formuliert. Falls ja, genoss die Hoheit unter diesen Vorzeichen nicht Immunität? Und woher genau stammte er? Balthasars Herkunft vor mehr als 2000 Jahren aus einem nicht näher definierten Land des Orients ließ die Angelegenheit nicht unter die spanische Gerichtsbarkeit fallen und schließlich ins Archiv wandern. Anders gelagert war der Fall eines Pfarrers aus dem Hier und Heute im Ort Puebla de Don Fadrique in der Provinz Granada. Der Gottesmann sah sich plötzlich mit einer Anzeige von Vogelschützern konfrontiert. Dabei hatte er lediglich vom Glockenturm seiner Gemeinde aus mit einer Flinte auf lästige Tauben geschossen ...

Was dem hinzuzufügen bleibt?

Eigentlich nichts, bis auf den Trost, dass a) im Land des bislang unausrottbaren Stierkampfs der Tierschutz weiter an Zulauf zu gewinnen scheint und b) Spanier bislang keine Gartenzwerge kennen, über deren entblößte Hinterteile an der Grundstücksgrenze jahrelang Nachbarschaftsstreits entbrennen.

# Wunderheilungen

*Manche Spanier suchen Schamanen der Moderne auf –
aus unterschiedlichsten Gründen. Erwartet sie fauler
Zauber oder unerklärliche Magie? Die Antwort kennt
nicht zuletzt meine Schwiegermutter.*

D er Tipp, *eben diese* Wunderheilerin aufzusuchen, erreichte J. C., den Langzeitfreund meiner Schwägerin Ana und fortan im Text »Jott-Ze« genannt, über ferne Verwandte. Geplagt von chronischen Beschwerden im Nackenbereich, nahm er telefonisch Kontakt zur Heilerin auf, erläuterte sein Leid, machte einen Termin aus und begab sich gemeinsam mit Ana auf eine über hundert Kilometer lange Anreise. Die Heilerin, eine gesetzte Dame um die Sechzig, deren Namen Jott-Ze aus seinen Erinnerungen verdrängt hat, hieß die Besucher in einer normalen Wohnung eines normalen Wohnhauses willkommen und führte sie in die »Praxis« – eine landläufige Küche. Sie machte Platz am Esstisch, vergegenwärtigte sich kurz die Krankengeschichte und warnte:

»Du weißt, es wird ein bisschen weh tun, aber nur so kann ich dafür sorgen, dass dein Genickschmerz verschwindet.«

Jott-Ze nickte. Er wusste, was ihn erwartete.

Seelenruhig zündete sich die Heilerin eine Zigarette an, strich Jott-Zes Haar über einem Ohr zurück und kam ihm so nah, dass er ihren warmen, mit leichtem Zwiebelaroma gewürzten Raucheratem spürte. Dann tat sie ein paar schwere Züge, bis der Glimmstängel richtig glimmte – und drückte die Zigarette inmitten seiner Ohrmuschel aus. Ein entschlossener, beherzter Vorgang, der den Geruch versengten Fleisches mit sich brachte. Die Sitzung war beendet. Fehlte einzig die Bezahlung, die allerdings erstaunlich gering ausfiel.

Der Glaube an wundersame Heilungen ist so neu nicht in Spanien. Bereits im Mittelalter spornten Mirakel die Wallfahrten nach Santiago de Compostela an und zementierten den Ruf des vermeintlich dort begrabenen Apostels Jakobus. Auf des Heiligen Fürsprache hin, so verbreiteten kirchlicherseits lancierte Quellen, löste sich bei eingetroffenen Stummen die Zunge, öffnete sich Tauben das Gehör, wurden Blinde sehend, Lahme für immer entkrampft und vom Teufel Besessene von ihrem Wahn befreit – und das völlig ohne Zuhilfenahme glühender Zigaretten.

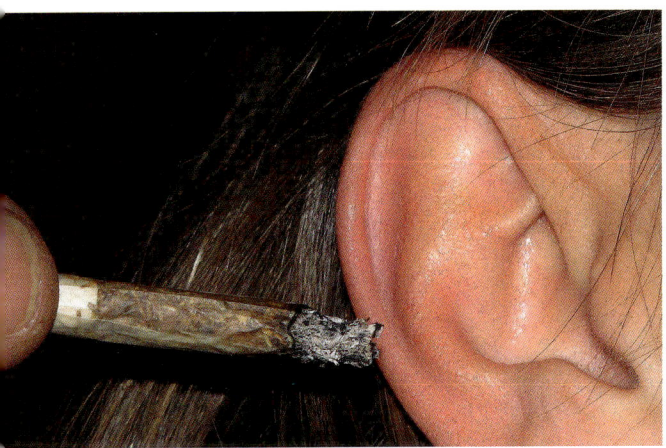
se Szene konnte leider nur nachgestellt werden: glühende Zigarette Richtung Ohrmuschel.

Persönlich stach mir kurz nach der Jahrtausendwende in Madrid erstmals ein Hinweis auf außergewöhnliche Heilkunst ins Auge. »Wunderarzt aus dem Orient«, pries sich ein Exot auf einem Plakat im Stadtpark Retiro an und wartete auf Kundschaft. In der umliegenden Reihe der Tarotdamen und Handleserinnen wirkte diese Mischung aus Schlitzauge und Schlitzohr ein wenig verloren. »Wer's glaubt, wird selig. Oder geheilt«, hielt ich meinen Eindruck damals in einem Reisebuch über Madrid fest.

Heute finde ich Werbezettel von Wunderheilern gelegentlich an der Windschutzscheibe meines Autos, entdecke Werbeposter mit dem Slogan »Rauchen aufhören durch Hypnose« und werfe aus Lust an der Neugier einen Blick auf Zeitungsannoncen. Die Meisterinnen und Meister, die sich in höchsten Eigenlobtönen anpreisen, scheinen als Allzweckwaffen zu fungieren, wobei die Grenzen zwischen Heilkünsten und Wahrsagerei fließend verlaufen. Es gibt weiße, schwarze, indische, afrikanische Magie, auch Praktiken aus dem Voodoo. Zum Rundum-sorglos-werden-Paket zählen Gesundheit, Liebe, Glück, »verzweifelte Situationen«, Arbeit, Potenzprobleme. Versprochen werden »sofortige Lösungen« selbst zum Schadenszauber des Bösen Blicks, »hundertprozentige Garantie« und »unglaubliche Resultate«. Letzeres glaube ich gern, denn ist das gut bezahlte Fluidum nicht immer gleichbedeutend mit Scharlatanerie? Wer schenkt dem Ganzen Glauben, wer vertraut solchem Zauber?

Oh Gott, meine spanische Schwiegermutter! Als sie vor Jahren auf Rat ihres Hausarztes umgehend die Kettenraucherei beenden sollte und den Kampf gegen die Nikotinsucht nicht aus eigener Kraft bewältigte, sah sie als letzte Hoffnung den Weg zu einem Schamanen der Moderne.

»Das geht in einer einzigen Sitzung«, versprach er ihr am Telefon und wies sie an, zum Termin sämtliche Tabakvorräte mitzubringen.

In seiner Küche – scheinbar ein allseits beliebter Praxisraum – ließ der Heiler meine Schwiegermutter eine erste Zigarette rauchen, von der er den unteren Teil des Filters entfernt hatte. Die zweite besaß nur die Hälfte des Filters, die dritte gar keinen mehr. In seinem Beisein musste meine Schwiegermutter alle Glimmstängel bis zum Ende rauchen und spürte einen zunehmend bitteren Geschmack im Mund. Im nächsten Behandlungsschritt drückte der Mann ihr mit seinen Fingern derart stark und nachhaltig die Nasenwurzel ein, dass es ihr fast die Besinnung raubte, und fingerte danach mit einer Art Leuchtstäbchen in ihren Ohren herum. Fertig. Achtzig Euro.

Meine Schwiegermutter kann sich nicht erklären, was genau an jenem Tag mit ihr passierte, in welche Bannkraft sie geriet, und wenn ihr heute jemand auf der Straße begegnet, der raucht, schnüffelt sie durchaus begierig den Schwaden hinterher, aber es ist, wie es ist: Seither hat sie keine Zigarette mehr angefasst ...

Apropos Zigarette. Schuldig bin

»Mit Garantie« das Rauchen beenden, in nur einer einzigen Hypnosesitzung – dies zumindest verspricht das Werbeplakat.

ich noch, wie es mit Jott-Ze weiterging, der auf eine weitere Inanspruchnahme der Dienste der Heilerin verzichtete.

Nach dem glutigen Küchentermin verschwand sein Schmerz im Genick leider nicht, dafür war ein neuer da, der über längere Zeit hartnäckig anhielt: ein Brandwundenschmerz in der Ohrmuschel, ganz so, als hätte irgendwer mit sadistischer Neigung dort eine glühende Zigarette ausgedrückt ...

# Wartezeiten

*In Spanien gilt es, sich in Geduld zu üben.*
*Da kann man froh sein, nur eine lausige Nacht*
*auf einem Flughafenterminal verbracht zu haben.*
*Anderes zieht sich Jahre dahin.*

Mein Kumpel Adam, der mit mir die Freuden und Härten eines Aus-
wandererschicksals nach Spanien teilt, denkt mit gewissem Grausen
an die bevorstehende Weihnachts- als Reisezeit. Zu eingebrannt ist seine
Erinnerung an eine spanische Fluglinie, deren Namen ich aus Rechtsgrün-
den dezent übergehe, auf Anfrage aber gerne an jene weitergebe, die Ähnliches erleben möchten.

Als Adam noch davon ausging, das Ende des angebrochenen Weih-
nachtsferientages im Kreise seiner Familie in Bayern zu verbringen, und
in Pamplona so früh eincheckte, dass man ihn sogar auf die Verbindung
vorher umbuchte, bestieg er frohen Mutes die Maschine zum Umsteige-
flughafen Madrid. Allerdings hatte man Adam bei der Abfertigung eröffnet, der am Abend abgehende Anschlussflug nach München sei überbucht,
weswegen er ihn in Madrid rückbestätigen lassen müsse – kein Problem,
eine Formalie, er habe ja jetzt ein Plus an Zeit.

Nach der Ankunft brauchte er den Serviceschalter der *Airline* nicht lange zu suchen, da er leicht an den Warteschlangen erkennbar war, die sich
durch die Halle wanden: auf beide geöffnete Seiten eines isoliert stehenden
Häuschens in der Mitte des Terminals zu. Ebendort hatte ich bei anderen
Gelegenheiten ausgeharrt, sah mich in Diskussionen mit den Dienst ha-
benden, unmotivierten, übellaunigen Schabracken verstrickt und erntete
auf die Fragen nach dem »Warum?« und »Wann genau geht es weiter?« zu
verspäteten oder gänzlich gestrichenen Flügen Schulterzucken.

Nach anderthalb Stunden Anstehens fehlten Adam etwa fünf Meter bis
zum Ziel, als er verfolgte, wie sich auf der Gegenseite der aufgestaute Unmut einiger Gäste lautstark entlud. Da der Schalter nach bewährter Ma-
nier mit Damen besetzt war, die den Dienst am Kunden auf eigene Weise
interpretierten, ließen sie von innen krachend die Rollläden herunter. Ob
sie angesichts der tumultartigen Szenen, die nun entbrannten, einen Sturm
auf die Festung erwarteten und Eimer mit Unrat und glühendem Pech zur
Feindesabwehr vorbereiteten, entzog sich Adams Blickfeld, doch die Konsequenzen bekam er gleich zu spüren, da sich der Menschenauflauf unge-

zügelt auf seine Seite zu drängeln begann, wo die Kolleginnen zum Glück die Jalousien offen hielten.

Irgendwann war Adam an der Reihe, bekam seine Bestätigung und atmete auf – aber nur solange, bis er der Tafel für den Weiterflug den Hinweis »Verspätet« entnahm. Ein solches, bei der betreffenden Fluglinie angekündigtes »Verspätet« lässt sich meiner Erfahrung nach nicht an internationalen Maßstäben messen, sondern die Alarmglocken schrillen. An Streiktagen ist es ohnehin hoffnungslos, aber es war kein Streiktag.

»Wir fliegen heute sicher nicht mehr«, sagte eine Mitwartende aus Berlin, die von einer dunklen Ahnung befallen oder vorgeschädigt zu sein schien.

»Ach was«, winkte Adam ab, ein stets optimistischer Mensch.

Mit zweieinhalb Stunden Verspätung, ihrerseits verbunden mit fünfmaligem Wechsel des *Boarding Gate*, saßen die Passagiere um 22.30 Uhr an Bord, bereit zum Abflug nach München. Nach dreißigminütigem Warten erreichten die Humanausdünstungen ihre Grenze der Zumutbarkeit, erst dann erbarmte sich das Kabinenpersonal nach Protesten, die Lüftung einzuschalten. Eine Viertelstunde danach erklang die Stimme des Käpitäns, der den Wiederausstieg verkündete. Man könne heute nicht mehr fliegen, es sei zu spät, Nachtlandeverbot, jetzt müsse er vom Bodenpersonal lediglich jemanden erreichen, der die *Gangway* wieder heranfahre. Keine leichte Aufgabe, wie die neuerliche Wartezeit bewies.

Zurück an Land, gab ein freilaufender Bediensteter der *Airline* bekannt: »Abflug ist morgen um elf Uhr, Sie verlassen den Flughafen, Busse bringen Sie in ein Hotel.«

»Wir haben Hunger«, hallte es ihm entgegen.

Kurz darauf fielen die Hin- und Hergeschobenen auf Kosten der *Airline* über eine Kantine her, als Adam – Bierdose und ein Plastikschüsselchen Salat in Händen – den Bediensteten in einer Menschentraube plötzlich entschwinden sah. Leidlich hechelte er hinterher und schlussfolgerte, dass es sich um die Abfahrt des Busses handelte, kam aber nicht mehr rechtzeitig. Der Bus war voll und mit röhrendem Motor startbereit.

»Es kommen zwei weitere«, hieß es.

Statt der Busse erschien alsbald erneut ein Chaoskoordinator, der die in den Bus Eingestiegenen zum Ausstieg und alle miteinander aufforderte, zurück ins Terminal zu kommen, es habe sich unvorhergesehenerweise etwas geändert. Adam leerte sein Bier, brachte den Salat durch die Sicherheitsschleuse und sah sich nach Mitternacht im Kreise der gestrandeten Mitflieger vor vollendete Tatsachen gestellt: neue Abflugzeit um fünf Uhr in der Früh, ein Hotel lohne angesichts der wenigen verbleibenden Stunden nicht mehr.

Flughafenhallen – hier in Barcelona – haben ein spezielles Flair. Nur: Länger bleiben als nötig möchte man eigentlich nicht.

»Das ist alles ein Riesenchaos, eine Riesensauerei!«, rief jemand mit bayrischem Akzent in die Halle.

»Nein, das ist Spanien!«, kam ein Zwischenruf auf Deutsch mit stark spanischem Einschlag zurück.

Für eine Massenrevolte waren alle zu erschöpft.

Am Morgen nahm Adam ein Foto von der Anzeigetafel auf: »*Boarding Time 03.31 h*«. Dann ging der Flug pünktlich ab ...

In Spanien gilt es, sich in Geduld zu üben. Da kann man froh sein, nur eine lausige Nacht auf einem Flughafenterminal verbracht zu haben. Anderes zieht sich länger dahin, bis die letzte Milde verglüht ist und selbst Galgenhumor nicht mehr tröstet, so wie bei Catalina S., Pharmazeutin, die sich in ihrer Stadt den Lebenstraum einer eigenen Apotheke erfüllen wollte. Nach Zeiten der Suche fand sie ein geeignetes Ladenlokal, wohl wissend, dass es laut Gesetz einen Mindestabstand von 150 Metern zur nächstliegenden *Farmacia* einzuhalten galt. Über die Frage, wie 150 Meter zu messen waren, entbrannte eine Provinzposse, die Deutschland zur Ehre gereichte.

Während die Gesundheitsbehörde und Catalinas Konkurrenz beharrlich die Ansicht vertraten, die Distanz sei in Luftlinie zu messen und daher zu gering, kamen ein Polizeigutachten und der zuständige Landesgerichtshof zu dem Schluss, die Meterzahl aus der Sicht eines Fußgängers anzusetzen: nicht als Abkürzung quer über einen Platz und eine befahrene Straße, sondern ein Stück weiter über den nächsten Zebrastreifen. So war die Vorgabe zum Mindestabstand erfüllt.

Dreieinhalb Streitjahre nach ihrem Erstantrag war es letztlich der Schlenker über den Zebrastreifen, der Catalinas Arbeitsleben rettete. Sie durfte ihre Apotheke eröffnen ...

Rekordbrecher meiner Sammlung »Wartezeiten« ist Eulogio C. Der Arme hatte sein Auto im Städtchen Tudela auf einem Parkstreifen abgestellt, der mit orangefarbenen Strichen gekennzeichnet war, die er nicht kannte. Als er wiederkam, klebte auf der Straße ein Zettel mit dem Verweis, dass sein Fahrzeug weg war – abgeschleppt.

Im städtischen Abstellhof bekam er zu seiner Überraschung zu hören, die Zone sei gebührenpflichtig gewesen. Eulogio blieb keine andere Wahl, als sein abgeschlepptes Auto freizukaufen, doch verlangte er nach einem Termin mit dem Chef der Lokalpolizei, um die Sache vor einem offiziellen Beschwerdeweg aus der Welt zu schaffen und sein Geld unbürokratisch zurückzubekommen. Denn, so entnahm Eulogio dem Straßenverkehrskodex, einzig Blau sei als Kennzeichnung von gebührenpflichtigen Zonen erlaubt.

Des Triumphes gewiss, brachte Eulogio zum Termin vorsorglich Fotokopien des Regelwerks mit, die der Polizeichef nicht einmal anrührte, sondern sich selbstgefällig zurücklehnte und behauptete, der Vorgang sei gesetzeskonform verlaufen.

Daraufhin legte Eulogio im Rathaus von Tudela schriftlich Beschwerde ein, die ohne Angabe von Gründen abgelehnt wurde, bevor er vor Gericht ging.

Vier Jahre zogen ins Land, bis er Recht und – wenngleich zinslos – seine Auslagen erstattet bekam: und zwar für zwei Abschleppvorgänge. Zwischendurch hatte er noch einmal an derselben Stelle geparkt ...

# Oh, wie süß!

*Heiligenknochen, Engelshaar, Nonnenfürze.*
*Spanier lieben Kariesgaranten – und das nicht*
*nur wegen der fantasievollen Namen oder*
*gerade zur Weihnachtszeit. Ich halte mich*
*beim Zuckerbäckerwerk lieber zurück und*
*bedauere, dass es meinem Schwiegerhund*
*nur einmal glückte, ein Megatablett*
*mit Nougatplatten zu plündern.*

Für eine satte Portion »Nonnenfürze« braucht es glücklicherweise keine Präsenz von Klosterschwestern mit abgehenden Winden, sondern: zwei Hühnereier, zweihundert Gramm Mehl, fünfzig Gramm Zucker, eine Zitrone, ein Glas Wasser und Öl. Die Zubereitung geht schnell. Zucker, Wasser und den ausgepressten Saft der Zitrone in einen Topf kippen, fünf Minuten köcheln, dann das Mehl unterquirlen. Topf vom Herd nehmen, die Eier schaumig schlagen und hinzugeben, länger umrühren. Aus der Masse Kügelchen formen, einer mit reichlich Öl gefüllten Pfanne zuführen, frittieren und rundherum gut bräunen. Fertig sind die »Nonnenfürze«, *pedos de monja*, die den an andere Körperöffnungen angelehnten »Nonnenseufzern«, *suspiros de monja*, ähneln und in manchen Landesteilen mittlerweile in Supermärkten packungsweise erhältlich sind.

Sprachfantasievoll geht es auch bei dem faserigen, goldgelben »Engelshaar« zu, *cabello de ángel*, einer Mixtur aus gekochtem Kürbis und Zucker, die sich bestens für Füllungen von Kuchen und Teigtaschen sowie der Entfernung von Gebissen eignet, während »Engelsküsschen«, *besitos de ángel*, auf der Zunge zergehen. Nur nicht mehr auf meiner. Alleine der Anblick erinnert daran, wie sich das Schaumgebäck aus gezuckertem Eiweißschnee in der Mundhöhle auflöst und in die Zahnzwischenräume fließt. Und wohin mit dem Eigelb? Zusammen mit Zucker und Wasser lässt sich im Ofen ein weiteres Klebeprodukt hervorzaubern, das seit dem Mittelalter aus Klosterbackstuben als verlässlicher Hüftgoldspender belegt ist: »Himmelsspeck«, *tocino de cielo*.

Ähnlich dem altvertrauten »Zigeunerschnitzel«, kennt der spanische »Zigeunerarm«, *brazo de gitano*, keinen ethnischen Unterschied zwischen Sinti und Roma. Vorausgesetzt, er ist nicht beim ureigenen Besitzer angewachsen oder soeben im Krankenhaus von ihm entfernt worden, bezeichnet der »Zigeunerarm« eine Biskuitrolle, die rezeptabhängig einen schokobraunen oder puderzuckerweißen Teint tragen kann. Ebenfalls cremig sind die »Seelen des Fegefeuers« *(ánimas del purgatorio)*, während die »Zigarren« *(cigarros)* genannten Waffelstäbchen aus den Ohren stauben und Blätterteig-»Krawatten« *(corbatas)* aus dem kantabrischen Unquera schwerste Krümelspuren hinterlassen. »Dachziegel«, *tejas*, aus Schokolade und Mandeln erschlagen ebenso durch Preise und Nährwert wie »Heiligenknochen«, *huesos de santo*, Röllchen aus Marzipan, die allemal appetitlicher wirken als echte Knochen eines Heiligen wie Johannes vom Kreuz (1542-1591).

Besucht man dessen Sterbekloster im andalusischen Úbeda, fällt in einer Vitrine der Blick auf ein Fingerpaar der rechten Hand, das dank des getrockneten Resthautüberzugs eher wie bräunlich verschrumpelte Pilzstängel aussieht. Dann lieber Zuckerbäckerwerk und ein letzter Tipp: Wer sich vor knackigem Drüsenzubiss nicht scheut, ist mit »Nonnenbrüstchen«, *tetillas de monja*, gut beraten, wie ich sie unlängst – nein, nicht in der Klostersauna, sondern: – als Geschenkpackung in einer Konditoreivitrine gesehen habe, eine lokale Spezialiät aus der Gegend um Santo Domingo de la Calzada. Die Begleitillustration auf der Packung zeigte im Übrigen eine

Vielleicht etwas flachbrüstig, aber es sind ja nur Plätzchen: »Nonnenbrüstchen«, *tetillas de monja*.

Ordensfrau mit reichlich aufge-
tragenem Lippenstift, leicht ge-
öffnetem Mund und verführe-
rischem Augenschlag. Einfach
zum Anbeißen, sollte das wohl
bedeuten.

Nonnenbusen, Heiligenkno-
chen, Nonnenfürze – derlei
Kostbarkeiten entsteigen Spaniens Küchen allerdings nicht
allzu oft. Spanier verleiben sich
zwar gerne und überreichlich
Süßes ein, doch aus Bequem-
lichkeitsgründen ist das Meiste
nicht hausgemacht, sondern
schlichtweg gekauft, vor allem
zur Weihnachtszeit, die sich
über den Jahreswechsel hinaus
bis zum Dreikönigsfest dehnt.
Landesweit typisch in diesen
Tagen sind *Turrones*, Nougat-

Ein bisschen Karies gefällig? Dann empfehle ich zusätzlich eine
Packung »Engelsküsschen«, hier die Auslage in einer Vitrine.

platten jedweder Konsistenz und Geschmacksform, bei denen ich zwischen
Massenproduktion und Lobbyarbeit der Dentistenvereinigung einen gewissen Zusammenhang ausmache. Im Hause meiner Schwiegereltern kommen
*Turrones* derzeit als Festnachtisch auf einem roten Riesentablett auf die Tafel.
Fein sortiert und zerteilt, liegen mandelharte und weiche Stücke dort ausge-
breitet, dazu *Turrones* mit bunten Inhaltsklumpen, die Früchte vortäuschen,
und jene *Turrones* voll Schokolade, auf die sich mein spanischer Clan selbst
nach vorherigem Menüexzess wie von Sinnen stürzt, doch den merkwürdi-
gen Deutschen in der Familie lieber zu einer Mandarine greifen lassen. Na
ja, oder zu den harten *Turrones*, aber nur denen …

Nougatdiät für alle habe ich bedauerlicherweise nur an einem einzigen
Weihnachtsfest erlebt, nachdem es meinem Schwiegerhund dank seiner
langen Schnauze geglückt war, unbemerkt die Tür des Zwischenlagerraums
zu öffnen. Das dort abgestellte Megatablett mit den *Turrones* erklommen,
feierte er Christi Geburt auf seine Art, probierte die Sorten wahllos durch
und büßte mit einer ausgiebigen Dackelmagenverstimmung für die Uner-
sättlichkeit. Seither bin ich mir nicht sicher, ob in Überflussgesellschaften
Mensch oder Tier die Gabe besitzt, sich an Weihnachten starker überfres-
sen zu können.

# Du mögest nicht mitklatschen beim Flamenco und weitere wertvolle Tipps

*Möge meine Liste der »Zehn plus zehn Gebote«
Handreiche sein, in Spanien ohne Todsünden und
interkulturelle Missverständnisse durch das frisch
angebrochene Jahr zu kommen*

Verdaut ist das Silvesteressen und ebenso die Zwölferportion »Glücks-
trauben«, *uvas de la suerte*, die ein jeder Bewohner im Lande während
der mitternächtlichen Glockenschläge zum Jahreswechsel verzehrt. Erloschen sind die wenigen Böller, die Spanier bei dieser Gelegenheit abfeuern,
und die guten Vorsätze von vor 365 Tagen. Das frisch begonnene Jahr gibt
nicht nur Anstoß, sich in Kürze der Kalorienballung des Dreikönigskuchens
zu stellen, sondern Ziele und Pläne zu erneuern und altbekannte Regeln einzuhalten, um als Auswärtiger in Spanien nicht übermäßig Kulturfrevel zu
begehen und eine Abdrift in Fettnäpfchen zu vermeiden. Zu diesem Anlass
habe ich die »Zehn plus zehn Gebote« als Gedankenstütze zusammengestellt.

**Erstes Gebot**
Du sollst keine anderen Fußballgötter verehren außer den spanischen.

**Zweites Gebot**
Du sollst den Namen des spanischen Königs nicht missbrauchen.
    Öffentlich geäußerte Kritik, so berechtigt sie an der überkommenen Er-
findung von *Royals* sein mag, könnte als Delikt der »Majestätsbeleidigung«
interpretiert und mit hohen Gefängnisstrafen belegt werden.

**Drittes Gebot**
Du sollst die Siesta heiligen.

**Viertes Gebot**
Du sollst deinen Vater und deine Mutter in jedwedem Zustand in Ehren
halten, selbst wenn du gerade *Sangría* mit dem Strohhalm aus dem Eimer
getrunken hast.

### Fünftes Gebot

Du sollst die dir entgegengebrachten Sympathien nicht töten, indem du das Vergangenheitsthema »Franco-Diktatur« ausdiskutieren möchtest oder ein klares Bekenntnis zu einem der beiden erbitterten Stadtrivalen Madrid oder Barcelona abgibst.

### Sechstes Gebot

Du sollst nicht ehebrechen.

Falls doch, bezahle im Bordell nicht mit der Kreditkarte deiner Gemeinde oder als gemeinnützig anerkannten Institution. Darüber sind in Spanien schon Persönlichkeiten des öffentlichen Lebens gestolpert.

### Siebtes Gebot

Du sollst nicht stehlen.

Zumindest nicht im Ort Almàssera, Provinz Valencia. Dort läufst du Gefahr, dich des Nachts bei einem grundsoliden Wohnungseinbruch jener Spanierin gegenüberzusehen, die nicht einmal eine vorgehaltene Pistole erschreckte. Die Dame, jenseits der Siebzig, nahm die Verteidigung ihres Reiches resolut in die Hand. Sie zerkratzte der Einbrecherin das Gesicht, woran sich selbige später auf der Flucht leicht identifizieren ließ, und schlug derart mit einer Pfanne auf sie ein, dass die umgangssprachliche Wendung »jemandem eins überbraten« zu ganzer Bedeutungsschwere gelangte.

Diese Japaner in einer Flamencohöhle in Granada machen es richtig – mitklatschen dürfen beim Flamenco nur die Beteiligten selber.

## Achtes Gebot

Du sollst kein falsches Zeugnis von dir geben wider deinem Nächsten.

Das ist auch gut so, aber solltest du zu den Ausgewanderten zählen, die in Spanien ihre Steuererklärung abgeben müssen, darfst du die Wahrheit ein wenig dehnen.

## Neuntes Gebot

Du sollst nicht begehren deines Nächsten Weib.

Zumindest nicht, wenn der Nächste zugegen ist. Da kennen iberische Restmachoknochen keinen Spaß.

## Zehntes Gebot

Du sollst nicht begehren deiner Nächsten Tisch.

Zumindest nicht, wenn sich Spanier im Lokal bereits an einen solchen gesetzt haben. Sich dazuzusetzen – selbst auf Nachfrage – ist ein Tabu!

*Nun zu den Bonusgeboten,*
*die da lauten:*

## Erstens

Buche nie bei einer spanischen Fluggesellschaft.

Es sei denn, du möchtest am Boden bleiben, im Terminal auf einer Bank schlafen oder deinem unauffindbaren Gepäck hinterhertrauern.

## Zweitens

Du mögest nicht mitklatschen beim Flamenco.

Die Künstler sind keine lustigen Volksmusikanten, die Hansi, Marianne oder Michael heißen und darauf angewiesen sind, ihr Gnadenbrot bei den Öffentlich-Rechtlichen oder in Festzelten zu fressen.

Selbst wenn dich der Flamencorhythmus erfasst, ist Schunkeln gleichermaßen zu unterlassen.

## Drittens

Bestehe nicht zwingend darauf, Mallorca als siebzehntes Bundesland anzusehen.

## Viertens

Trage in den radikaler gepolten Regionen Katalonien und Baskenland kein T-Shirt mit dem Motiv einer Spanien-Flagge und hänge eine solche dort ebenso wenig auf den Balkon.

## Fünftens
Halte dich von der Teilnahme bei Stierrennen fern.

Es sei denn, du legst Wert auf ein Hornpiercing von Gesäß oder Bauchdecke.

## Sechstens
Bestreite die »Schlacht des Weins« Ende Juni in der Rioja nie ohne Taucherbrille.

## Siebtens
Hüte dich vor getrennten Kassen.

Sich im Restaurant nach gemeinsamem Mahl von der Bedienung die Posten aufschlüsseln zu lassen und separat zu bezahlen, ist komplizierter als die spanische Rückeroberung von Gibraltar. Einfach zusammenwerfen, die Summe teilen, erst draußen Details klären.

## Achtens
Vertraue nicht der spanischen Post.

Manche Sendungen an mich stehen seit acht bis zehn Jahren aus. Die Hoffnung stirbt zuletzt, das Warten geht weiter.

## Neuntens
Verzichte im Lokal auf Kampfstierfleisch.

Es könnte noch ein Widerhakenspieß drinstecken.

## Zehntens
Hüte dich vor Sprachirrtümern.

Eine *firma* ist keine Firma, sondern die Unterschrift, *éxito* nicht Exitus, sondern Erfolg, ein *gimnasio* kein Gymnasium, sondern die Sporthalle, ein *mantel* kein Mantel, sondern die Tischdecke, *regalo* kein Regal, sondern ein Geschenk, und eine *infusión* keine Infusion, sondern ein Teeaufguss.

Und wäge beim Ausspruch *tocar el pito* je nach Umfeld sorgsam ab, ob eher »Autohupe betätigen« oder »Zipfel anfassen« gemeint ist ...

## Allerletztes Zusatzgebot
Falls du im *Business* des Wunderheilertums tätig bist, verärgere meine Schwiegermutter nicht, indem du ihr anbietest, sie könne auf mirakulöse Weise dreißig Kilogramm abnehmen.

»Dann sieht man mich ja gar nicht mehr«, sagt sie, was ich jedoch bezweifle.

# Bombige Missionen

*... dass es einen auf der Stelle zerreißt –*
*aber nicht vor Freude. Militärische Schlagkraft*
*im Land der »Unbesiegbaren Armada«.*

D er Einspruch meines Verlegers – obgleich Verweigerer und demzufolge nur bedingt mitsprachetauglich – ist zwar gewiss, wenn ich das Militär pauschal als Auffangbecken Gescheiterter bezeichne und die chronische Desorganisation ins Feld führe, aber ich bleibe dabei: Die Zustände, die ich in Deutschland während meiner Bundeswehrzeit als Beteiligter beobachten durfte, scheinen in Spanien nahtlos ihre Entsprechung zu finden. Zum Glück habe ich aus meiner unfreiwilligen Praxis weder Folgeschäden davongetragen noch einen weitergehenden Beförderungsgrad, was Gehorsamsverweigerungen und Entfernungen von der Truppe zu danken war. In der sinnentleerten Kasernenwelt, die in mir auf ewig Skepsis und Abscheu ausgelöst hat, war ich einfach zu nichts zu gebrauchen.

In Spanien verteilt sich die Last, im militärischen Fall der Fälle Mitmenschen auf Befehl jener zu beseitigen, die sich niemals selbst mit Blut beflecken würden, nunmehr auf die Schultern einer Berufsarmee. »Soldaten sind Mörder«, hat der deutsche Schriftsteller Kurt Tucholsky treffend geschrieben. Dieser potenziellen Handhabe lässt sich mit dem Verlust des eigenen Lebens vorbeugen, wovon Spanier gelegentlich Gebrauch machen. »Fallschirmspringerin stürzt bei Manöver in Casas de Uceda in den Tod« und »Unteroffizier stirbt bei Tauchübung vor der Küste von Cartagena«, habe ich an Zeitungsausschnitten aufbewahrt und mich gefragt, ob inmitten soldatischen Unverstands vielleicht untereinander das *Equipment* verwechselt wurde.

Bezeichnend auch der Fall eines niederen Dienstgrads, dessen Einsatz auf einem Übungsplatz der Provinz Zaragoza endete. Frei von Feind und Notwendigkeit zerfaserte ihn die Explosion einer Mörsergranate, als er, wie später verlautbarte, an einer »Routineübung zur Entschärfung von Sprengstoff« teilnahm. *Learning by doing*, die beste und bewährteste Lektion – in diesem Fall auch die letzte.

Ähnliches ereignete sich auf einem Militärgelände von Hoyo de Manzanares, Großraum Madrid, wo es im Umgang mit einer Minenzündkapsel gar Fünf auf einen Streich in Stücke riss, unter ihnen »mit die besten Sprengstoffexperten des Heeres«, vermeldete das Verteidigungsministerium. Nicht auszurechnen, was jenen passiert, die zu den schlechteren zählen.

Spaniens militaristischer Trumpf war einst die Armada, die 1588, bestehend aus annähernd 150 Schiffen und 30.000 Mann und zur »Unbesiegbaren Kriegsflotte« hochstilisiert, im Kampf gegen Engländer, Naturgewalten und eigene Unfähigkeit die Segel streichen musste. Ebenso groß wie die Verluste waren Psychoknick und Ansehensverlust der seinerzeitigen Weltmacht Spanien. Deren Bewohner wurden und werden ungern in ihrem Stolz getroffen – kein Klischee.

Folgt man einem Bericht der Zeitung *La Gaceta*, schlingert die Armada von heute der Zeit hinterher. Mängel allerorten, Radarsystem kaputt, Kampfsystem defekt, aktive Beteiligung an bewaffneten Operationen zweifelhaft, mindestens zwei Jahre Reparaturzeit (aber auf Herstellergarantie!). Derart ernüchternd sah sich die nach Spaniens König benannte *Juan Carlos I* beschrieben, das topmoderne »Kronjuwel der Meere«, das »größte und teuerste Schiff der Kriegsmarine« mit »Design und Fabrikation zu 100 Prozent« aus spanischer Hand, wie es hieß. Unter derlei Vorzeichen mögen es Böswillige sehr wohl als Aushängeschild des Landes sehen …

Mit Spaniens Streitkräften pflege ich glücklicherweise keinen Direktkontakt, einzig mit einem Ehemaligen, meinem Schwager Antonio, der seine Wehrdienstpflicht vordem auf dem Schulschiff der Marine ableisten und feststellen musste, dass unter den Altgedienten mit der Zahl der Jahre und Beförderungen das Gehalt gleichlaufend zum eigenen Armutszeugnis stieg. »Da kommen nur die voran, die es im richtigen Leben zu nichts mehr bringen können«, so Antonios Fazit zu seinen Landsleuten in Uniform. Dem sei nichts hinzugefügt.

Oder doch, noch ein Detail. Antonio musste öfter mit ansehen, wie der Müll an Bord getrennt und in verschiedenste Säcke gestopft wurde. Plastik, Organisches, Papier. Letztlich lautete der Befehl immer: Säcke über Bord. Antonios Erkenntnis: »Da waren wir wohl die Einzigen weltweit, die dem Meer den Abfall getrennt zuführten.«

Ebenso wenig repräsentativ wie der Einblick Antonios war natürlich auch zuletzt mein Besuch im Madrider Seefahrtsmuseum, *Museo Naval*, das von der Marine unterhalten wird und im hauseigenen, druckfrisch herausgegebenen Infoheft bereits die falschen Öffnungszeiten aufführte …

Ganze Arbeit scheinen Spaniens Militärs andernorts zu leisten, dazu bedarf es nicht einmal der Teilnahme an internationalen Missionen. Das bezeichnendste Beispiel ihrer Schlagkraft ist das, was ich im Buch *Die Spanier und die Liebe* gefunden habe. Eines Tages, berichtet Autor Franz Handlos mit dem Verweis auf einen Zeitungsbericht, nahm sich ein Heeresklein-trupp unter dem Kommando eines Hauptmanns in der Nähe von Zarago-za eine Auszeit aus dem Manöver. Die Soldaten fuhren mit einem Panzer davon, suchten und fanden ihr Angriffsziel und parkten geradewegs davor: ein Haus der Freuden. Dieses betraten sie in Kampfanzügen, derer sie sich entledigten, um den Sondereinsatz für Volk und Vaterland zu beginnen. Nach ruhmreicher Tat bestiegen sie ihr Fahrzeug, hatten aber im Eifer des Gefechts vergessen, für die Leerung ihrer Depots zu bezahlen. Erst so be-kamen Presse und Öffentlichkeit Wind – und das wirbelte weitaus mehr Staub auf als die Panzerfahrt zurück zum Übungsgelände.

# Sag' mir, wo die Euro sind

*Die Geldverschwendungsmaschinerie läuft auch in Spanien wie geschmiert. Dazu einige Beispiele, die nicht nur Bänker betreffen. Politiker sind eine eigene Folge wert – Fortsetzung nächste Woche.*

E s bereitet stets Freude, sich auf anderer Leute Kosten zu bedienen, was natürlich kein rein spanisches Phänomen, aber dank der Beziehungstentakel im Land außergewöhnlich ausgeprägt ist und Traditionspflege genießt. Seilschaften aus Politik, Wirtschaft, Banken, Justiz, Monarchie, Journalisten, Ehrentitelträgern und Kirchenvertretern samt *christlicher Mafia* Opus Dei – irgendwie scheint alles miteinander verknüpft. In Verbindung mit Übermut und einem grenzenlosen Vertrauen, den Gesetzesschlingen im Fall der Fälle entwischen zu können, wuchs auch in Spanien lange ein explosives Gemisch heran, das vielerorts die Kassen sprengte.

Dass die Kluft zwischen abgehobener Klasse und weitgehend unmündiger Masse einst in den 1930er Jahren zum Auslöserpotenzial des Spanischen Bürgerkriegs zählte, war längst vergessen. Unter dem Deckmantel der Gemeinnützigkeit erwiesen sich *Non-Profit*-Organisationen plötzlich als äußerst profitabel, über Scheinfirmen wurden Gelder nach Lateinamerika geschafft, die Zahl falscher Rechnungen war sogar für überforderte Steuerfahnder kaum mehr zu zählen. Das Übliche also. Kein Wunder, dass die Nachfrage nach elitären Treffpunkten die Zahl der Spitzenrestaurants in Spanien sprunghaft ansteigen ließ. Und je größer die Abzocke, desto größer das Boot. Treffende Einblicke gibt der Hafen von Puerto Banús bei Marbella: Protzjacht an Protzjacht, ein Schaufenster der Statussymbole und unverändert ein nettes Ausflugsziel in Andalusien ...

Die Rechnung ist einfach: größere Abzocke, größeres Boot. Eines der dahingehend fragwürdigsten Schaufenster ist der Hafen von Puerto Banús in Andalusien.

Für die Grünpflege gab es bei der Fernsehanstalt von Kastilien-La Mancha 6.000 Euro Monatsgehalt für den Gärtner, doch dieses Duo, das gerade den Rasen des Fußballstadions von Real Madrid pflegt, dürfte zusammen kaum halb so viel verdienen.

Die Bedienung aus fremden Schatullen durchzieht alle Gesellschafts-ebenen und hat Mitglieder des Königshauses ebenso erfasst wie die An-gestellten der Radio- und Fernsehanstalt von Kastilien-La Mancha. Dort ging selbst auf dem Konto des Gärtners ein wundersamer Monatslohn von 6.000 Euro ein. Bedauerlich aus Sicht der Betroffenen ist, dass trotz aller Geheimhaltungsmühen manche Eisbergspitze an die Öffentlichkeit ge-drungen ist. Man müsste es in Zukunft halt besser geheim halten.

Inmitten der Selbstbedienungsmentalität gebührt Spaniens Politikern selbstredend ein Ehrenplatz und eine Sonderepisode nächste Woche, doch Bänker stehen ihnen mit dubiosen Praktiken und Gehältern in nichts nach. Mancher Sparkassenchef sprach sich in Eigenspendierlaune einen generösen Mietkostenzuschuss in Höhe von mehreren tausend Euro pro Monat zu, obwohl er vor Ort Hausbesitzer war. Als juristisch schwer an-fechtbar gelten weitere *Peanuts*-Vorteile, die sich Finanzverantwortliche in einem Land, in dem Durchschnittsverdiener mit einem Tausender im Mo-nat glücklich sind, vor drohender Zahlungsunfähigkeit ihrer Sparkassen, anstehenden Fusionen oder sonstwie gewährten: Abfindungen in Millio-nenhöhe, Entschädigungen, Lebensversicherungen, Pensionen.

Umso lauter erschallten in der Folge die Rufe der angeschlagenen Geld-vernichtungsinstitute nach Unterstützung durch die öffentliche Hand – in-ternational selbstverständlich nichts Neues, aber mit landeseigenen Nuan- **164** cen. Das Beispiel eines gewissen Manuel E., Exchef der *Caja Segovia*, der seinen Gang in den Vorruhestand von sechs Millionen Euro begleitet sah, um Monate darauf den Unruhestand mit der Gründung einer Immobilienfirma zu beenden, mag eher gewöhnlich klingen.

Miguel C. hingegen, vormals Pfarrer und später Bankvorstand (alleine das eine bemerkenswerte Karriere), gelang das Kunststück, vor seinem Ausscheiden aus der *Cajasur* eine Jahresrente in respektabler sechsstelliger Höhe absegnen zu lassen, die im Falle seines Ablebens auf seine Schwestern überging, bis die letzte derer vier ihren Atem aushauchte. Die Damen waren älteren Baujahrs, aber dem Vernehmen nach ziemlich rüstig.

Für Geldmanager vom Schlage Manuels und Miguels wurden während ihrer Aktivzeit vom Sekretariat oft drei Rückflüge in der *Business Class* gebucht. Selbe Person, selber Tag. Das Ende des jeweiligen Meetings war nicht absehbar, so stand man mit der Auswahl auf der sicheren Seite. Überdies gab es Lustreisen, wie man sie aus Deutschland als Lohn für verdiente Konzern- und Versicherungsvertreter kennt. Nachweislich bodenständig bei der Lust blieb Pedro F., kein Bänker, sondern in leitender Funktion bei der *Sociedad General de Autores y Editores* angestellt, einer urheberrechtlichen Verwertungsgesellschaft, die viele Gelder einnahm, aber nicht alle an die Berechtigten weitergab.

Den Arbeitstag in Madrid beschloss Pedro gerne mit Investitionen ins Manneswohl. In Etablissements der Hauptstadt ging er der Entspannungstherapie nach, die für eine Verweildauer von mehreren Stunden zwischen 7.800 und 9.500 Euro kostete und den Rückschluss zuließ, dass die Freuden in den Häusern groß und intensiv gewesen sein mussten. Seine Schuld beglich er artig mit Kreditkarte, allerdings nicht mit der eigenen, sondern der seines Arbeitgebers.

Als die von ihm teils mit »Autorsex« unterzeichneten Besuche herauskamen, rechtfertigte er sich mit den Worten: »Ich hatte Depressionen.« Die Frage, ob auch die Benutzung von Kreditkarten anderer therapierbar ist, dürfte Psychologen vor neue Herausforderungen stellen.

Sag' mir, wo die Euro sind. Im Zweifelsfall im Eroscenter.

# Haufenweise Würstchen und ein paar klebrige Denkzettel

*»Spain is different«, lautete irgendwann ein Werbespruch,
doch Spaniens Politriege wirbt nicht gerade für ihr Land und
ihr Ansehen. Statt das Anders-Sein zu kultivieren,
leidet man ebenso an krankhafter Habgier wie andernorts.*

*C*horizo, das ist die typisch rötliche Wurst, die auf einer Mixtur aus geschredderten bis pürierten Schweineteilen, Knoblauch und Paprikapulver basiert. Hauptsache, gut gewürzt und ohne erkennbare Augen, Borsten, Knochen oder größere Knorpelstücke. Je nach Variante kommt sie entweder kalt auf mein Brot oder wandert in den Eintopf und garantiert ein in unregelmäßigen Abständen aus den Körpertiefen wiederaufsteigendes Aroma. *Chorizo* bedeutet auf Spanisch aber auch Dieb oder Gauner. Und solch ungenießbare Würstchen wursteln sich in Überfülle durch die Politlandschaft, gänzlich unabhängig von Parteien, Funktionen, Geschlecht.

Verbreitet sind die gängigen Symptome, die quer durch National- und Lokalschichten höchste Ansteckungsgefahr verheißen: krankhafte Habgier, Verschleudersucht öffentlicher Gelder und ein ausgekochter Instinkt für alle Arten von Vorteilsnahme. Manchmal gesellt sich bei den Würstchen das Potenzial grobschlächtiger Beschränktheit hinzu, so wie beim Exbürgermeister des andalusischen Ortes Valverde del Camino, der aus Gemeindesäckeln eine Art Unterstützungsfonds für Betriebsstätten des Rotlichtmilieus unterhielt. Hormonelle Entlastungen in Sevilla pflegte er mit der Kreditkarte seines Rathauses zu begleichen, bedauerlicherweise kam

*Chorizo* bedeutet in Spanien nicht nur Paprika-Knoblauch-Wurst, sondern auch Gauner.

sein Dreck am Stecken heraus (hier drängen sich Parallelen zur vorangegangenen Episode auf).

Fern von Bewegungsübungen lag der Fall der Stadtverordneten Itziar G., denn die hauptberufliche, sattsam entlohnte Politikerin konnte sich vorübergehend nicht mehr so recht bewegen. Ein Sportunfall hatte sie eine Zeit außer Gefecht gesetzt, der Arzt sie krankgeschrieben. Während ihrer monatelangen Rekonvaleszenz gab sie die Aufopferungsvolle, um in Pamplona an acht Sitzungen teilzunehmen, darunter denen der Wasserwerke, für die ihre Anwesenheit belanglos war. Der Zufall wollte, dass es für die Sitzungen beträchtliche Sitzungsgelder gab. Bei über zwanzig weiteren Sitzungsterminen zum Nulltarif ward Itziar G. zur Krankschreibungszeit nicht gesehen und saß die Kritik ihrer Gegnerschaft aus.

Spaniens Politikerinnen und Politiker arbeiten kontinuierlich und äußerst erfolgreich am Gesichtsverlust. Woher die sorgsam in Zeitungspapier gewickelten Scheine stammten, mit denen ein sozialistischer Exminister für 100.000 Euro in bar ein Pferd kaufte, blieb jedoch gleichermaßen folgenfrei wie die Angabe einer Kongressabgeordneten, die vorgab, gedacht zu haben, die offen gelegten tausend Euro Nebeneinkünfte wären pro Jahr gemeint gewesen. Dass sie weit mehr als diese pro Monat einstrich, war ein kleiner Irrtum, man kennt das, kann passieren. Und dass die Firma einer Senatorentochter für Kurse und Projektausarbeitungen über Jahre hinweg aus der Staatskasse Subventionen in sechsstelliger Höhe abzweigte, dürfte eher an den Konstellationen der Gestirne gelegen haben. Inhaltlich ging es um »wirtschaftliche Entwicklung«, wahrscheinlich die eigene.

»*Spain is different*«, lautete irgendwann ein Werbespruch. Dabei ging und geht es in Spanien nicht anders zu als andernorts, gekoppelt an einen doppelten Sättigungsgrad: gesättigt von Geld, aber dauergierig auf Neues die Würstchen, gesättigt von Wut und Ohnmacht das Volk. Öfter habe ich bei Sozialprotesten Transparente mit der Aufschrift »*No hay pan para tanto chorizo*« gelesen. Wollte heißen: »Es gibt gar kein Brot für so viel *Chorizo*«, womit nicht die rötliche Wiederkehrwurst gemeint war. Und vor kurzem war ich in einem Stück der exzellenten katalanischen Kindertheatertruppe *La Pera Llimonera*, die sich nicht scheute, ein paar Happen Gesellschaftskritik für die anwesenden Eltern einzuschleusen: »So viele *Chorizos* überall, dieses Land ist eine einzige Metzgerei.«

Zum Trost sei gesagt, dass es in dieser Großmetzgerei vereinzelt Würstchen an die Pelle gegangen ist, so wie einem einstigen Ministerpräsidenten der Balearen, dem das gnädige Schicksal weit unter Marktwert einen Prunkpalast in der Innenstadt von Palma de Mallorca zugespielt hatte. Leider flog das Ganze im Zuge von Korruptionsermittlungen auf. In seinen Kleiderschränken stießen Fahnder auf über eine Hundertschaft Anzüge, ansonsten registrierten sie acht Fernsehgeräte, Schmuck, Mobiliar, Markenuhren, Porzellan, Kunstwerke. Apropos Kunstwerk: Alleine der Wert einer herrenlosen Designerklobürste, Modell *Lulú*, wurde auf 350 Euro taxiert ...

Nehmen Politwutbürger die Sache selbst in die Hand, kommt es zum Eklat. Der kochenden Volksseele waren bei einer Versammlung drei leuchtweiße Sahnetorten zu danken, die – ganz wie zu Stummfilmzeiten von *Dick und Doof* – ihre Ziele durch beherztes Aufdrücken fanden: Haupt und Haar einer

Protestplakate von Wutbürgern gegen die Selbstbedienung von Politikern und Bänkern. Auch »*No hay pan para tanto chorizo*« ist zu lesen. Es gibt halt gar nicht soviel Brot für soviel *Chorizo*.

Regionalpräsidentin. Klebrige Denkzettel für ein zweibeiniges Stück *Chorizo*, persönlich fand ich es schade um die Torten. Kurz nach Amtsantritt hatte die Dame selbstherrlich das Projekt einer Schnellzugtrasse vorangetrieben und medienwirksam auf Diäten für anstehende Sitzungen bei Banken verzichtet, sich im Gegenzug aber ihr Gehalt um ein Drittel erhöht. Das Trio der Tortentäter war bald gefasst, ob es Hintermänner gab, nicht sofort klar.

Ärztlicher oder geistlicher Beistand schien für das Opfer am Tatort nicht vonnöten. Da sich kein Freiwilliger zum Abschlecken fand, spülte sie das Zuckerbäckerwerk am nächsten Wasserhahn weg und sprach später am Rednerpult von einer »süßen Begrüßung«.

Eine Politikerin mit Humor!? Nicht ganz. Im Nachhinein verglich sie die Aktion mit einem »terroristischen Akt« und verlangte wegen »Auflehnens gegen eine Autorität« nach jahrelangen Haftstrafen für die Schwerstkriminellen. Ich malte mir aus, wie Sondereinsatzkommandos der Polizei bei Hausdurchsuchungen auf Butter, Eier, Zucker, ein paar Pfund Mehl, Kochbücher und Rührstäbe stoßen würden. Genügend Verdachtsmaterial für weitere Attentate. Dabei waren die Torten nur gekauft.

# Toxikologische Gefahren, ein weiter Weg zur nächsten Lücke und kein Gruß von der Gebühreneinzugszentrale

*Es gibt ureigene spanische Erfindungen, die nicht aus dem Leben wegzudenken sind, darunter Wischmopp und Chlorlauge. Wenn es um Bürgerabgaben geht, übernimmt Spanien mit zweifelhaften Resultaten Erfindungen aus der Fremde – aber eine ist zum Glück bislang vergessen worden.*

Dieser impertinente Gestank ätzt sich durch meine Nase in den Brustkorb. Wer ihn einmal eingeatmet hat, weiß, was ich meine, dahinter steckt Vergiftungsgefahr von – *lejía*. Und wer, wie Übersetzer, *lejía* einfach als »Lauge« bezeichnet, handelt grob fahrlässig. Nein, *lejía* ist kein landläufiges Putzmittel, sondern ein teuflisches Chlorkonzentrat in Form von Kampfstoff, eine Allzweckwaffe, vor dem der Schmutz fast freiwillig flüchtet. Meine Schwiegereltern benutzen die Marke *Conejo*, was »Kaninchen« bedeutet. Ein eben solches hoppelt über das Frontetikett der Flasche, ein blendweißes Tier, gänzlich fell- und augenlos, als hätte jemand den Inhalt über ihm ausgekippt. Auf des Menschen Kleidung hinterlässt die Flüssigkeit bei unvorsichtiger Handhabe keine »garantierte Desinfektion«, wie die Werbeaufschrift verheißt, sondern übelste Flecken. Im Kontaktfall mit Augen und Haut seien umgehend größeren Mengen an Wasser zu benutzen, entnehme ich dem Warnhinweis auf dem Rücketikett von *Conejo*. Vorsorglich abgedruckt ist überdies die Telefonnummer eines Toxikologischen Dienstes in Madrid ...

*Lejía* zählt zu den bahnbrechenden Erfindungen, die ebenso im spanischen Leben verankert sind wie Stangenweißbrot, *Siesta*, Olivenöl, luftgetrockneter Schinken und Kartoffelomelette. Nicht immer ist der Erfinder geläufig, im Falle des spanischen Wischmopps schon, zumindest nach einem Juristenmarathon bis ins laufende Jahrtausend hinein. Manuel Jalón Corominas hieß der Ingenieur, der in den 1950er Jahren die *fregona* entwickelte und als Massenware zu produzieren begann, ein mit breiten Aufwischfransen ausstaffiertes Schrubbermodell, zu dem ein

Plastikeimer mit speziellem Auswringeinsatz gehört. Die *fregona* erhob, wie es seinerzeit hieß, »die spanische Frau von der Erde«. Bei der ihr zugedachten Drecksarbeit brauchte sie fortan also nicht mehr auf Knien in die Ecken zu rutschen, sondern konnte beim Bodenscheuern dank des Langstielers aufrecht stehen und ihre Knochen schonen. Ob daher die hohe Lebenserwartung der Spanierinnen kommt? Oder doch vom Olivenöl? Egal, der gesellschaftliche Wandel hat mit sich gebracht, dass heute selbst spanische Männer die *fregona* benutzen »ohne sich zu schämen«, wie ich einem Nachruf auf Manuel Jalón Corominas entnahm. Zu den Schamfreien zählt mein Schwiegervater, der es mit Rücksicht auf seine Gattin zwar weitgehend vermeidet, bei der Hausarbeit in die Quere zu kommen, die Schwing- und Wringbewegungen beim Einsatz der *fregona* jedoch in eine formvollendete harmonische Einheit zu bringen versteht. Ohne Knurren beseitigt er sogar die Spuren meines Schwiegerhunds, der leider inkontinent geworden ist.

Wer »spanische Erfindungen« *googelt*, stößt auf den Federkiel, das dampfgetriebene U-Boot, den Wasserzähler, die Schwebefähre, das Tischfußballspiel, Dauerlutscher *(Chupa Chups)*, Pulverminen. Improvisierte Brandsätze, die später als Molotowcocktails weltweit Erfolge bei Demonstrationen und Kriegen feierten, sollen ihren Ursprung ebenfalls in Spanien haben, während das Terrain spanischer Mixgetränke übel vermint ist. Da kommt mir die in Restaurants oft ungenießbare *Sangría* in den Sinn, der mit weißer Limonade gepanschten »Sommerrotwein« *tinto de verano* und die Melange aus Rotwein und Cola, *calimocho*, die im Zuge von Volksfesten mit dem Befund von schwer heilbarer Schädelschwere einhergeht.

In Pose auf einen Balkon gestellt: *fregona*.

»Je besser der Wein, desto besser der *calimocho*«, stieß einst ein spanischer Freund von uns in geradezu philosophischer Ekstase aus. Vor langem hat uns das Schicksal voneinander getrennt, was weniger mit dem *calimocho*, als seiner Sympathie zur *christlichen Mafia* Opus Dei zusammenhängt. Ob er weiter trinkt, weiß ich nicht. Ob er sich hinter verschlossenen Türen im Dienste des Glaubens bis zum Delirium geißelt, bleibt spekulativ.

Blicke ich auf immaterielle Erfindungen zurück, haben Regelwerke die Landesgeschichte geprägt: eines zum Blutfluss in mehreren Akten (Stierkampf), ein anderes zur sogenannten »Blutreinheit«, die während der Inquisition mit der Verfolgung Andersdenkender sowie Einheit und Machterhalt von Staatsgewalt und Kirche im Bunde stand. Während Inquisition und Glaubenseinheit die Zeiten nicht überdauert haben, greifen bis in die Gegenwart Erfindungen um sich, deren Ursprünge in der Fremde liegen.

Steuern und Gebühren, die in Mitteleuropa lange bekannt waren, schafften es schließlich mit Erfolg über die Pyrenäen. Als Spanien von einer Novität namens gebührenpflichtigem Anwohnerparken erfuhr, das sich als Bürgerservice etikettieren ließ, erwachten Amtsschreibtischtäter aus dem Schlaf. An höhere Mathematik war die Übernahme derlei Gebühreneintreibwesens nicht geknüpft, sondern endete im chronischen *Overbooking*. In dem Stadtviertel, in dem ich lebe, übersteigt die Zahl der jährlich ausgegebenen Anwohnerparkausweise »Zone A« die der vorhandenen Plätze um etwa das Sechsfache, weshalb man gnädigerweise ohne Aufpreis außerhalb parken darf. Oft liegt die nächste Lücke in »Zone B« zehn bis zwanzig Minuten Fußmarsch von der Wohnung entfernt, Ältere und Gehbehinderte brauchen etwas länger.

Versöhnlich stimmt, dass es wenigstens *eine* Erfindung bislang nicht in meine Wahlheimat geschafft hat: Fernsehgebühren. Sieht man von üblichen Bezahlsendern ab, ist Spanien bei der Grundversorgung einfach ein Paradies, es gibt keinen Gruß von der Gebühreneinzugszentrale. Ich weiß, es ist ungerecht, aber ich empfange auch über dreißig deutsche Fernsehprogramme – und genieße nicht nur den Basiszustand des Nulltarifs, sondern zappe mich eifrig durch. Denn was wäre die Welt ohne Supertalente und ohne Freizeitbetreuer wie Thomas, Günther, Jörg und Harald? Und was wäre ein Leben ohne Dschungelcamp, Winnetoukonserven und ewigjunge Sängerinnen und Sänger, die den Auslauf in ihren Geriatrischen Zentren zu Auftritten bei Festen der Volksmusik nutzen ...

# Magie der Düfte

*Lass' mich sondieren, wie du riechst,*
*und ich sage dir, woher du kommst.*
*Bei Briten mag das einfach und*
*unerfreulich sein, doch denen sind*
*Spanier um Nasenlängen voraus und*
*zum Glück äußerst hygienisch.*
*Kaum zu glauben ist, dass es vereinzelt*
*noch öffentliche Dusch- und Badehäuser gibt.*

Briten und Deutsche duschen vergleichsweise wenig, während in beiden Ländern gleichlaufend größere Mengen an Deodorant verbraucht werden – J. C., eingedeutscht ausgeschrieben: *Jott-Ze*, dem Ewigfreund meiner Schwägerin Ana, ist diese Statistik im Gedächtnis geblieben. Vor allem bei Briten würde mich die Hygienepraxis nicht wundern und erklären, wo die Aura herkommt, gegen die sich nicht einmal erfolgreich andeodorieren lässt. Und auf den Lehrer aus England, der seit Jahren über uns wohnt und tristerweise an einer Opus-Dei-Schule unterrichtet, schließe ich zudem jede Wette ab, dass sein Wollpulli nicht nur die Ausdünstungen von vor Jahren, sondern auch die Rüchlein von *Fish'n'chips* vom letzten Aufenthalt in der Altheimat konserviert.

Spanier hingegen wirken meistens gepflegt, sparen nicht an Duftwässerchen und duschen laut Jott-Zes abgespeicherter Statistik außerordentlich häufig. Wer sich zum Ausgehen verabredet, darf sich in Spanien in 81 Prozent der Fälle auf ein frisch geduschtes Gegenüber freuen, habe ich einer Umfrage entnommen, die gleichermaßen besagte, dass über zwei Drittel der befragten Spanier die Zeit des Duschens zum Nachdenken nutzen und 33 Prozent gelegentlich Selbstgesänge anstimmen, meistens Pop. Im altangestammten Macholand sollen sich überdies zunehmend mehr Männer Haare auf Brust und Rücken und im Dunstkreis um das Gemächt entfernen, weshalb ich zuletzt im Sportclub exemplarische Blicke durch Sammelumkleiden und -duschen schweifen ließ.

Es stimmte! Dazu musste ich nicht einmal bis auf Urologennähe herangehen. Kaum etwas schien so, wie es das Haarwurzelwerk der Natur vorgesehen hatte. An manchem Körper herrschte Kahlschlag, nicht einmal Achselbüsche hatten den Einsatz von Macheten und Klingen überlebt.

172

Hygiene und Spanien – das ist allerdings keine in sich geschlossene Geschichte der Harmonie. »Viele maurische und jüdische Quellen beschreiben den unerträglichen Gestank, der einen Christenmenschen häufig umgab«, hat Peter Hilgard in seinem Buch *Der maurische Traum* in Rückschau auf das Mittelalter in Spanien geschrieben. An Glauben und Kultur geknüpft, zeichneten sich die Mauren ihrerseits durch einen ausgeprägten Hang zur Sauberkeit aus. Alleine in Granada, dem Zentrum ihres letzten Reiches auf der Iberischen Halbinsel, gab es über zwanzig Badehäuser, in denen man sich zum sozialen Austausch und Körperputz traf, Geist und Leib in Einklang brachte. Doch dann rückten die Spanier zur Belagerung der Stadt an. Königin Isabella von Kastilien soll gelobt haben, solange ihr Hemd nicht zu wechseln, bis Granada unterworfen war. Darüber vergingen Jahre …

Ob der Monarchin Kleiderwechsel nach der Eroberung 1492 letztlich erfolgte oder nicht – ein größerer Enthusiasmus für Hygiene blieb alleine aus ideologischen Gründen aus. Eifernde spanische Christen, die die Badeanstalten der Mauren schlossen, da man in ihnen Orte des viehischen Vergnügens sah, erhob der Schmutz auf die »Vorstufe der Heiligkeit«, so Peter Hilgard, denn: Alles, was mit Bädern und körperlichem Wohlbefinden im Bunde stand, erweckte den Verdacht sündvoller Begierde und Abtrünnigkeit, für die im Verdachtsfall die Inquisition zuständig war.

Später fiel Madrid der Ruf der dreckigsten Hauptstadt Europas zu, in der es dem Reisenden Camillo Borghese Ende des 16. Jahrhunderts den Atem verschlug. Er schilderte Straßen voller Schmutz und Morast sowie fehlende Aborte, »weshalb die Einwohner ihre ganze Notdurft in das Nachtgeschirr entrichten, das sie dann auf die Straßen leeren, was einen unerträglichen Gestank verursacht.« Heute stinkt es mancherorts eher nach faulem Politsumpf und Korruption.

Maurisches Badehaus (11. Jahrhundert), Granada

Duschsymbol über dem Zugang des öffentlichen Dusch- und Badehauses in der Altstadt von Pamplona.

Zur Ehrenrettung Madrids sei gesagt, dass bereits Richard Twiss in seinen *Travels through Portugal and Spain, in 1772 and 1773* von solch sauberen Gassen sprach, wie er sie niemals vorher gesehen hatte, »selbst nicht in den holländischen Städten.« Für das Hauptstadtvolk gab es im 19. Jahrhundert knapp zwanzig Badehäuser, von denen manche nur im Sommer öffneten.

Wer jedoch würde für möglich halten, dass hier und heute vereinzelt noch ein öffentliches Dusch- und Badehaus, *Casa de Baños*, existiert ...? So wie im Madrider Stadtteil Tetuán, wo viele Immigranten leben und jede neunte Wohnung keine vierzig Quadratmeter groß ist. Eine andere *Casa de Baños* liegt zehn Gehminuten von meinem eigenen Bad entfernt in Pamplona, wobei mein Selbstversuch nicht so weit ging, als dass ich mich zuletzt dort gereinigt hätte, obwohl es keineswegs unangenehm roch und alles hell und einladend wirkte. Hinter der mit einem Duschsymbol versehenen Ziegelfront, die sich in einen modernisierten Wohnblock der Altstadt fügte, lag der Empfangsschalter, daneben hing die Preisliste aus: einmal duschen 1,05 Euro, Vollbad 3,10 Euro, Handtuchmiete 40 Cent, ein Seifenstück ebenfalls 40 Cent.

»Für Obdachlose mit Nachweis ist die Nutzung umsonst, aber hier kommen nicht nur Obdachlose hin«, klärte mich die freundliche, junge Empfangsdame auf.

»Sondern?«, hakte ich nach.

»Es gibt immer Arbeiter, Durchreisende. Oder Einwanderer, die sich irgendwo nur ein Zimmer mieten«, sagte sie. »Oder Nachbarn, bei denen gerade das Bad renoviert wird. Oder alte Leute, die sich zuhause nicht mehr alleine in die Badewanne trauen. Hier haben sie Wannen mit Griff.«

Dann fügte sie, mit etwas leiserer Stimme, zum Querschnitt der Klientel hinzu: »Weißt du, außerdem gibt es immer noch Alte hier im Viertel, die haben überhaupt keine Wanne und keine Dusche. Das ist schwer zu glauben, aber es ist so.«

Was mit einem von Neugier getriebenen Besuch in einem spanischen Dusch- und Badehaus begann, sei hiermit als Zeitzeugnis des 21. Jahrhunderts festgehalten.

# Pharaonische Werke

*Neue Flughäfen ohne Flugverkehr – diese Planung*
*macht Spaniern so schnell keiner nach.*

Es war ein Meilenstein in der Geschichte der Luftfahrt, als an Spaniens Mittelmeerküste der Flughafen von Castellón de la Plana im Beisein von Politikern, Presse und über einer Tausendschaft per Bussen herbeigeschafften Zuschauerstatisten seine feierliche Eröffnung erfuhr. Ein brandneuer, auf den modernsten Technikstand gehobener Airport, der bis auf Weiteres eine Rundum-sorglos-Garantie verhieß, weltweit einzigartig: keine drohenden Fluglotsenstreiks, keine Verspätungen, keine Belästigungen nahegelegener Orte durch Fluglärm, nicht einmal ein Minimalrisiko für Flugzeugunglücke.

Lenker und Denker hatten das Doppelkunststück vollbracht, den Bau des Flughafens ohne Marktstudien in Auftrag gegeben und zum Zeitpunkt der Inbetriebnahme keine einzige behördliche Genehmigung für den Flugverkehr eingeholt zu haben. Kommt Zeit, kommt Flugzeug, irgendwann irgendwoher, dachte man sich – und nahm mangels Kundschaft alsbald die Schließung vor. Dann kamen doch noch Vögel, allerdings keine metallisch glänzenden, sondern kleinere, die Nester bauten und sich auf den Terminaldächern erleichterten. Zudem rückten Invasionen von Wildkaninchen an, die hinter den Stacheldrahtzäunen zu Tausenden Zuflucht vor Jägern fanden, sich an Kabelsalaten zu schaffen machten und vermehrten wie die Karnickel. Ein Jahr nach dem Eröffnungstermin war immer noch keine Maschine in Sicht, dafür stellten die Verantwortlichen ein Karnickelbekämpfungsprogramm mit Frettchen und Jagdfalken auf die Beine – und das war mit 100.000 Euro ein Spottpreis gegen den 150 Millionen Euro teuren Flughafen von Castellón de la Plana.

Die »Manie der großen Gesten, die Eröffnungen, die Gedenkfeiern« – Antonio Muñoz Molina, einer der brillantesten Gegenwartsliteraten Spaniens, hat sie oft genug angeprangert und zur Debatte gestellt, wie sich »ein Land von solch mittelmäßiger Bedeutung so viel Luxus« erlauben konnte. In einem regelrechten »Delirium« sah er die Nation beständig über ihre Verhältnisse leben und in einem »Zustand partieller Irrealität« durch die Zeiten taumeln, in denen auch ich mich als teilnehmender Beobachter bewegte und die Resultate staunend zur Kenntnis nahm: ob einst auf den Weltausstellungen in Sevilla und Zaragoza oder bei Besuchen pharaoni-

Beispiel eines pharaonischen Werkes der Gegenwart: das Kulturzentrum Oscar Niemeyer in der nordspanischen Industriestadt Avilés. Die Entwürfe soll Brasiliens Jahrhundertarchitekt Oscar Niemeyer selbst geliefert haben.

scher Werke der Moderne, die auf Stararchitekten wie Santiago Calatrava und Peter Eisenman fußten und deren Baukosten ein Vielfaches vom Ursprungsbudget verschlangen. Spontan kommen mir die museale »Stadt der Künste und Wissenschaften« in Valencia und die »Galicische Kulturstadt« über Santiago de Compostela in den Sinn. Die Liste ist lang. Gut, dass in Spanien wenigstens keine Hauptstadt von B nach B verlegt werden musste ...

Inwieweit schwingen bei Großvorhaben Stolz und Imagedenken, vielleicht sogar Minderwertigkeitskomplexe der einstigen Weltmacht Spanien mit? Will man den anderen wirklich zeigen, was man (wieder) ist, was man (wieder) kann? Denkt man wirklich so weit? Jesús, mein Schwiegervater, Antonio, mein Schwager, Jott-Ze, mein Quasi-Schwager, glauben, wie zuletzt bei einem Tischgespräch, das sich über mehrere Stunden hinzog, eher: Nein. Priorität haben in ihren Augen einzig die Provisionen, die Politiker, deren befreundete Bauunternehmer und hohe Behördentiere heimlich einstreichen. Sind die Gelder aus jedweden Kanälen einmal verteilt – wen interessieren da Starts und Landungen auf einem Randgebietsflughafen wie Castellón de la Plana? Oder Gäste im Hotel El Algarrobico. Dieser Megabau schaffte es nicht einmal bis zu seiner Eröffnung, da leider illegal im andalusischen Naturpark Níjar-Cabo de Gata in die Höhe und Breite gedehnt. Nach jahrelangen Rechts-

Futuristisch und von den Baukosten her hoffnungslos überteuert: die »Stadt der Künste und Wissenschaften« in Valencia.

Hoch über Santiago de Compostela: die *Galicische Kulturstadt* von Peter Eisenman.

streitigkeiten und weitgehender Fertigstellung stand per Gerichtsurteil der Abriss an.

In die Gegenwart retten konnte sich hingegen das überdimensionierte Zentrum der Zeitgenössischen Kunst in Huarte, dessen Weiterbau lediglich länger paralysiert war. Im Hier und Heute spanischer Mentalität liegt das Morgen erfahrungsgemäß weit, weit entfernt. Bei der Planung war nicht bedacht worden, dass ein Museum – einmal eingeweiht – Personal- und Betriebskosten mit sich bringt, ganz unabhängig davon, dass sich kaum Kunstpublikum nach Huarte verirrt, einen blassen Vorort von Pamplona. Als ich zuletzt mit meiner Mutter dort war, machte am Empfang die Nachricht die Runde: »Besucher aus Deutschland!« So freudig war ich lange nicht mehr begrüßt worden.

Eröffnen, schließen, brandneu dem Verfall entgegen. Diese Praxis hat in Spanien erfolgreich die Runde gemacht und zwischenzeitlich einen zweiten Airport erreicht, den von Ciudad Real, aber auch ein Heim für psychisch Kranke in Sarriguren. Schade, denn letztgenanntes würde sich vorzüglich für Zwangseinweisungen von Flughafenplanern eignen.

# Leitungsgewirr

*Kundendienst in Schnelligkeit von
Lichtjahren und ein mysteriös
verschwundener Auftragsklempner:
Beispiele zeigen, dass Wasser- und
Stromversorger keinen allzu guten
Draht zu ihren Versorgten pflegen.*

Kabelwildwuchs an Hauswänden zählt zu jenen Phänomenen, an denen sich im Spanien der Gegenwart nichts geändert hat. Auf Reisen in andalusische Dörfer des Südens fallen sie mir ebenso auf wie in Städten des Nordens und selbst beim Austritt aufs Pflaster über unserer eigenen Haustür: Rohrleitungen kreuz und quer über den Fassaden, Strom und Gas, ein Irrgarten, teils in fragilem Zustand. Manche Stränge verlaufen halbdutzendfach parallel in zarter Symmetrie, andere sind ineinander verdreht und entsprechen der Kunst filigraner Flechtbandornamentik, wieder andere stehen bedrohlich ab und werfen wildeste Kreise und Schlangenmuster in die Luft.

Statt unter Putz oder im Boden versteckt, trotzen die Leitungen seit unbestimmten Zeiten der Witterung und ziehen sich mancherorts dank abenteuerlicher Stützhilfen auf Höhe der obersten Geschosse auf die andere Seite der Straße. Alleine vier solcher Leitungsgebilde schweben über die Altstadtgasse, in der wir wohnen. Ich habe heute extra nachgezählt und nebenbei bemerkt, dass es irgendeinem Witzbold gelungen ist, ein Paar Schuhe an einen Strang hinaufzuschleudern.

»Sieht das immer so aus hier?«, fragen mich Gäste, die ich gelegentlich durch die Stadt führe, und bringen Erinnerungen an vergleichbare Panoramen in Thailand und der Karibik ins Spiel.

»Ach, manches ist nur provisorisch«, entgegne ich wahrheitsgemäß, verzichte aber manchmal darauf zu erläutern, dass ein Provisorium in Spanien ein Menschenzeitalter anhalten kann.

Um kein Missverständnis aufkommen zu lassen: Die Kabelsalate stören mich nicht. Im Gegenteil. Für mich sind sie Relikte des guten alten Spanien.

Natürlich liegt der Vorteil von Freilaufkabeln auf der Hand. Ist irgendwo etwas defekt, lässt sich der Fehler aufspüren, ohne flächendeckend Böden und Wände aufbaggern zu müssen. Andererseits scheint mir das äußere Leitungsgewirr ein Spiegelbild des Leitungsgewirrs der dahinter stehenden

Einmal Leitungssalat, bitte – dieser ziert eine Fassade in Triacastela, Galicien.

Versorgergesellschaften zu sein. In mein Gedächtnis gebrannt bleibt ein Kabel des Stromanbieters *Iberdrola*, das – zumindest gut isoliert – »kurz vorübergehend« unter unserem Schlafzimmer im dritten Stock über die Straße hinweg bis zum Haus gegenüber baumelte. Ein in der Horizontalen durchhängendes Leinengewächs also, auf dem ich mich im Stadtdschungel zu den Nachbarn auf Besuch hätte hangeln können, geschätzte zehn Meter lang. »Kurz vorübergehend« bedeutete letztlich: ein halbes Jahrzehnt.

Legt man das Beispiel des Alberto L. zugrunde, der seinem Unmut Ende August in einem Leserbrief an die Zeitung *Diario de Navarra* Luft verschaffte, lässt sich rasches Handeln von *Iberdrola* ohnehin nur in Lichtjahren messen. Journalist Alberto hatte sich mit einem Redaktionsbüro selbstständig gemacht und brandneue Räumlichkeiten in einem Gewerbegebiet angemietet. Nach Abschluss der Elektroinstallation durch eine autorisierte Firma Anfang Mai fehlte einzig die Freischaltung durch *Iberdrola*, eine Formalie. Der Restwonnemonat Mai zog ins Land, der Juni, dann wurde es Sommer – aber immer noch kein Licht. Albertos Reklamationen prallten im Kundenzentrum und per Telefon an Mauern aus Desinteresse und Selbstherrlichkeit ab. Wen kümmerte, dass er ohne Stromzufuhr schwerlich arbeiten konnte? *Iberdrola* ist schließlich Monopolist. Mitte September stieß ich auf einen zweiten Leserbrief von Alberto, voll des untertänigen Dankes. Nach über vier Monaten hatte sich die Gesellschaft erbarmt und den Hebel umgelegt – willkommen im Club!

Und dieser Club ist bis hin zu den Abrechnungsmodi immer ein ganz

besonderer gewesen. Dazu ein Beispiel: Über Jahre hinweg wurden die Stromzählerstände von *Iberdrola* zwar nur alle zwei Monate abgelesen, aber auch uns flatterte jeden Monat eine Rechnung mit wundersam detaillierter Kilowattzahl ins Haus. Des Rätsels Lösung war ein kleiner Vermerk, der in ablesefreien Monaten lautete: *consumo estimado*, der »geschätzte Verbrauch«. Dieser war nicht gerade niedrig angesetzt und sah sich nach der *Iberdrola*'schen Zauberformel irgendwie mit dem wahren Konsum verrechnet. Gutschriften oder Rückzahlungen drangen nie ans Licht, dafür regelrechte Beschwerdelawinen, bis der per Wahlsieg gewechselte Gesetzgeber ein Einsehen zeigte und die Wiedereinführung der vorherigen Konstellation aus Zweimonatsablesevorgang und Zweimonatsabrechnung ankündig-

Kabel von links oben und links unten direkt in die Wohnung hinein, der Rest ist Wäscheleine und Rolloschnur – Fassadendetail in Granada.

te. Die Argumentation war selbst für Schulabbrecher nachvollziehbar: Man kann nur das berechnen, was nachweislich verbraucht worden ist.

Kontakte mit Spaniens Versorgergesellschaften verheißen in den wenigsten Fällen Gutes. Die stetig steigenden Nebenkosten werden natürlich stillschweigend abgebucht, doch wehe dem, der sich als Versorgter mit der Beweisführung gegen Irrtümer der Versorger konfrontiert sieht! Die Gasgesellschaft habe ich im Kapitel »Gasalarm« ausgiebig gewürdigt, *Iberdrola* ließ sich in einem Fall erst nach Intervention einer Verbraucherschutzvereinigung herab, einen Ablesevorgang zu prüfen und die Summe leicht nach unten zu korrigieren: nicht 3.010 Euro, wie vom Besitzer für den Energiekonsum in einem leerstehenden Abstellraum gefordert, sondern 6,97 Euro ...

Kündigt ein Schreiben der Wasserwerke »Fortschritte für den Verbraucher« an, schrillen die Alarmglocken, steht Schlimmes zu befürchten. Als Beispiel möge Beatriz H. herhalten, die in einer Zeitungszuschrift schil-

Dorfgasse mit Bougainvillea und Leitungen; Salobreña, Andalusien.

derte, wie der für sie als »kostenlos angekündigte Wechsel des Wasserzäh-
lers« ablief. Zunächst zerlegte der Auftragsklempner einen Küchenschrank
und riss ein kindskopfgroßes Loch in die Wand, um an eine Zuleitung zu
kommen. Als unter seiner Hand der Griff am Wasserzufuhrschalter brach,
sagte er: »War wohl stark überaltert. Ab jetzt kannst du alles per Schrau-
benschlüssel öffnen und schließen. Ist kein Problem.«

Beatriz bestand indes darauf, dieses gerade entstandene Problem so
schnell wie möglich zu beheben: »Bis heute war alles noch ganz.«

Missmutig verabschiedete sich der Klempner mit den Worten: »Na gut,
ich seh' im Lager nach, ob ich so ein Teil finde, und rufe dich dann an.«

Als er dies sprach, war es Juni. Was im Lager passierte, ist nie ans Licht
gedrungen, und eine Klempnerleiche wurde bis heute nicht gefunden. Fest
steht, dass sich die Stadtwerke in den Monaten nach dem mysteriösen
Verschwinden weigerten, andere Handwerker zu entsenden, boten Beatriz aber an, sie könne in der Zentrale vorbeikommen und schriftlich eine
Reklamation einreichen.

Auf die skeptische Frage »Die nützt aber ohnehin nichts, oder?« bekam sie
zur Antwort: »Nein, eigentlich nicht, aber du kannst es trotzdem versuchen.«

Beatriz lehnte dankend ab. Das Loch in der Küche zementierte sie in Ei-
genregie zu, auch die Schrankteile fugte sie selber wieder zusammen. Für den
Rest bestellte sie gegen Ende des Jahres auf eigene Kosten einen Installateur.

# Statt eines Nachworts

L iebe Leserinnen und Leser,
das waren 52 Wochen, 52 Betrachtungen.

Mein Dank gilt den spanischen Weinbauern, ohne deren Erzeugnisse die Gedanken in dieser Form nicht hätten ausgespült werden können.

Offen muss zum gegenwärtigen Zeitpunkt bleiben, ob und wann der Auftragsklempner von Beatriz aus dem Lager auferstanden sein, der Todesstier »Maus« filetiert, aus vier Polizeien vielleicht einmal eine einzige, ein Fest wie der Feuerlauf aufgrund neuester behördlicher Sicherheitsauflagen abgeschafft und die letzte Außenleitung an Häusern hinter Putz verschwunden sein wird.

Ebenso ungewiss scheint, ob das »Gummi des Weges« dem Nachwuchs unter Jakobspilgern auf Dauer Einhalt gebieten und es weiterhin menschliches Leben nach übermäßigem Konsum von Fettkringeln und Nonnenfürzen geben kann.

Nicht zu ändern ist, dass Jesús und María Elena, meine Schwiegereltern, Cristina, Ana, Jott-Ze und all die anderen mit dem sonderbaren Deutschen in der Familie gestraft sind.

Ein schweres Schicksal.

Einzig mein Schwiegerhund sieht das entspannt, aber er lässt sich im Zweifelsfall mit Nougat bestechen.

Das Leben geht weiter.

Mein *Selbstversuch Spanien* auch.

Liebe Leserinnen und Leser, bleibt zu hoffen, dass Ihre Erfahrungen mit Spanien nicht zu solchen Schweißausbrüchen führen wie bei dem Flamencotänzer bei einer Show in Granada.

Begleitend zum Buch und
als Lese-Appetizer zur Weiterempfehlung:

*www.selbstversuch-spanien.de*

Der gelernte Rheinländer Christian Bartel stellt den grundlos frohsinnigen Menschenschlag vor und nimmt den Leser mit auf eine Expedition ins Herz der Finsternis zwischen Düsseldorf und Koblenz.

Christian Bartel

**RHEINLAND**
Für eine Handvoll Kamelle –
ein Heimatbuch

ISBN 978-3-934918-89-4

**Christian Bartel**, 1975 geboren in Bonn, ist Rheinländer mit Migrationshintergrund. Er ist Mitglied mehrerer Lesebühnen und wurde 2005 deutscher Vize-Meister im Poetry Slam; außerdem schreibt er regelmäßig Satiren für die *taz*. Sein erster Erzählungsband *Seit ich Tier* bin erschien im Herbst 2008, sein *Zivildienstroman* 2011. Christian Bartel lebt mal auf dieser, mal auf jener Rheinseite, aber noch immer in Bonn.

**»Es ist die erfrischend respektlose Art, die dieses Buch ausmacht. Man liebt nach dem Lesen das Rheinland, obwohl man nichts mehr ernst nimmt.«** (Werdener Nachrichten)

**»Der CONBOOK Verlag hat mit seiner Reihe *Heimatbuch* voll ins Schwarze getroffen.«** (suite 101)

## Skurrile Anekdoten und wunderbare Geschichten über und quer durch die asiatischen Metropolen.

**»Viel zu lachen auf 319 Seiten.«** *(Sonntag aktuell)*

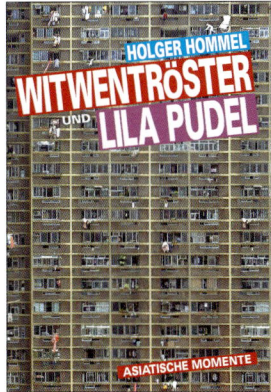

Holger Hommel

**Witwentröster und lila Pudel**
Asiatische Momente

ISBN 978-3-934918-81-8

Holger Hommel streift umher – mal als einsamer Spaziergänger im Großstadtdschungel Shanghais, mal in Bali als Lektor an Bord eines fernsehberühmten Traumschiffs. Er arbeitet sich quer durch den asiatischen Kontinent und sucht verzweifelt nach einem Universalschlüssel für die so unterschiedlichen Regionen. Dass er dabei nie fündig werden würde, war ihm durchaus bewusst - dass die Suche allerdings so viel Erstaunliches zu Tage fördern würde, verblüffte ihn dann doch...

In skurrilen Anekdoten und wunderbaren Geschichten beschreibt Holger Hommel seine außergewöhnlichen Erlebnisse in Asien und beweist Zeile für Zeile, dass Reisen nicht nur spannend und lehrreich, sondern auch äußerst unterhaltsam sein kann.

»Das ultimative Reisebuch für den asiatischen Kontinent! Wunderbare Geschichten über denkwürdige Erlebnisse; so amüsant hat noch nie jemand seine Reiseerinnerungen zu Papier gebracht.« (buchSZENE)

»Eingefleischte Asienfans merken schon nach wenigen Seiten: Hier schreibt ein Experte. Wenn Sie bereits öfter Ihren Urlaub in Asien verbracht haben, werden Sie viel lachen bei der Lektüre und noch häufiger bejahend mit dem Kopf nicken. Wenn trübe Winterstimmung droht, Überhand zu nehmen, flugs das Buch besorgen und loslesen!«
(J. Hoppe, Reise-Inspirationen)

 **CONBOOK** VERLAG
www.conbook-verlag.de

**»Dieser Ratgeber bringt uns das Fremde nahe, anstatt von oben herab eine bizarre Szenerie zu betrachten. Er macht sich nicht lustig und ist gerade deshalb amüsant.«** *(DIE ZEIT)*

Lisa Graf-Riemann

**Fettnäpfchenführer Spanien**
Wie man den Stier bei den
Hörnern packt

ISBN 978-3-934918-75-7

Laut sind die Spanier, ein wenig ruppig, aber meist unkomplizierte Gesellen, die ihr halbes Leben in der Bar verbringen, Tapas in sich hineinschaufeln, dazu Bier aus kleinen Gläsern trinken und Sherry aus noch kleineren *copitas*. Jeden Tag Fiesta!

Leidenschaftlich, stolz, offen: So stellen wir uns die Spanier vor. Und wundern uns, wenn sie ihre Privatwohnung wie eine Festung gegen Eindringlinge hüten und am Telefon statt ihres Namens *¿Digaaaaa?* in den Hörer bellen. Seien Sie nicht überrascht, wenn Ihnen Spanier begegnen, denen Flamenco und Stierkampf ungefähr so fremd sind wie uns selbst. Und wenn Sie in Bilbao oder Barcelona nicht ein Wort verstehen, obwohl Sie doch zwei Semester Spanisch gelernt haben.

Begleiten Sie Lena in ihrer Wohngemeinschaft in Alicante und Tom und seine Kollegen in ihrer Software-Firma in Madrid und tappen Sie mit den beiden in alle bereitstehenden Fettnäpfchen. Lernen Sie dabei die Spanier kennen und erfahren Sie, wie sie wirklich ticken. Sie werden sehen, es macht Spaß und lohnt sich!

»Das Buch ist eine große Hilfe für den Alltag in Spanien und man lernt darin eine Menge über die spanische Sprache und Kultur.« (ECOS)

»Das Buch ist nicht nur denjenigen wärmstens zu empfehlen, die in Spanien sesshaft zu werden gedenken, sondern durchaus auch dem gemeinen Spanien-Touristen, denn schließlich ist nicht nur im Alltag nur ein vermiedenes Fettnäpfchen auch ein gutes Fettnäpfchen...« (Hispanorama)

**CONBOOK** VERLAG
www.conbook-verlag.de